묵상을 다시 생각하다

성서유니온
50주년
특별기획

묵상을 다시 생각하다

18인의
시선으로
되짚는
묵상의
본질

성서유니온

차 례

들어가는 말

묵상이란 무엇인가

“큐티(Quiet Time)가 한국 교회를 망치고 있다!” 어느 목회자의 설교 영상에 달린 댓글 중 맨 위에 있던 글이다. 큐티로 유명한 분이니 큐티에서 비롯한 설교일 텐데, 그 메시지가 본문의 의도와 동떨어졌다는 점에서 큐티의 문제점을 여실히 드러내고 있다는 말이다.

큐티는 성경을 자의적으로, 개인주의적으로 읽게 만들 수 있다. 내게 주어진 말씀보다 내가 처한 상황을 우선시한다. 내가 성경의 주인이 되어 하나님을 내 뜻대로 조종하려 들고, 그 조종이 통하지 않을 때 ‘고난’이라 말한다. 내 가치관, 신앙 성향, 정치적 신념, (비전이라는 종교용어로 치장한) 욕망과 부합하는 구절을 취사선택한다. 예수님의 현현일지도 모를 이웃과 약자들에 대해 연민은 갖지만, 큐티노트에 담기에 너무 거대한 담론이다. 결국 ‘나’의 은혜, ‘나’의 성찰, ‘나’의 회개만 반복한다.

큐티는 점치듯 성경을 읽게 하기도 한다. '나를 향한 '하나님의 뜻'을 점지받기 위해 성경을 읽는다. 하나님의 뜻이 우리를 골탕 먹이듯 숨겨져 있는 것이라는 오해, 매일 알맞게 찾아내어 그 방향과 선택대로 수행해야 한다는 강박에서 비롯된 성경 읽기다. 성경에서 하나님의 뜻을 캐내는 데 몰두하는 이들은 대체로 맥락을 무시한 채 한 구절, 한 단어에 집착한다. 미국 비자 심사를 마치고 불안해하던 사람이 "비자가 나아와"(마 26:69, 개역한글)라는 구절을 읽더니 '비자가 나오겠구나' 하고 하나님의 뜻을 확신했다는 본문의 일화("묵상은 천상 회의다" 중) 같은 사례는 우리 주변에 꽤 많다.

큐티는 사연을 이끌어 내는 도구가 되기도 한다. 하나님의 이야기 속에서 내 배역을 찾기보다, 내 이야기를 나누기 위해 성경 구절을 인용하고 이용한다. 물론 성경을 통해 내 삶을 투명하게 비추고 그 내용을 신뢰하는 형제자매와 나누는 것은 유익한 일이다. 하지만 큐티의 목적이 하나님을 아는 것인지, 내 마음이 가벼워지는 것인지는 생각해 봐야 할 문제다. 더구나 나눔모임에서 우리는 "말씀대로 잘 살았다"라고 나누지 않는다. 매번 "잘못했다"를 나누고, '나만 잘못 사는 게 아니구나'를 확인받고, 은연중에 '앞으로 계속 잘못 살아도 별문제 없겠구나' 하는 위안을 얻는다.

한국 교회 큐티의 시작은 성서유니온으로부터라 할

수 있다. 한국성서유니온선교회는 1972년 설립과 동시에 한국 교회가 직접 집필하고 출간하는 묵상집을 준비했고, 이 노력과 헌신은 1973년 1월 「매일성경」 발간으로 이어졌다. 한국성서유니온선교회는 한국 교회에 '큐티'라는 개념을 소개하고, 서점을 찾아다니며 「매일성경」을 알릴 뿐 아니라 지역 교회와 연합하여 풀뿌리 묵상운동을 펼쳤다. 당시 한국성서유니온선교회의 설립과 「매일성경」 발간을 이끌었던 OMF 선교사 피터 패티슨(Peter Pattison, 한국 이름 '배도선')은 이렇게 회고한다.

> 이것은 당시 한국 교회가 가지고 있는 약점이었습니다. 신앙의 열정은 있었지만 그 열정을 뒷받침할 만한 성도 개개인의 말씀 중심의 삶이 많이 부족했습니다.

부흥과 성장, 열정과 체험은 거셌지만 말씀을 스스로 읽고 해석하여 살아 내는 데는 미숙했던 한국 교회 성도들에게, 묵상운동은 가장 적실한 처방전이었다. 목회자가 읽고 해석한 성경을 수동적으로 듣기만 했던 성도들에게, 큐티는 스스로 말씀과 씨름하고 질문하고 토론하는 길을 제시했다. 감격적인 설교 내용이 곧 내 삶의 내용인 양 착각했던 성도들에게, 큐티는 직접 말씀에서 길어 낸 소중한 진리를 스스로 삶에 이식하고 실험하는 신앙을 소개했다. 집단적인 부흥의 구호 속에 개인의 신앙 책임을 은폐했던 성도들에게, 큐티는 원색적이고 단순한 예수님의 말씀에 곧이곧대로 순종하는 삶을 도전했다.

큐티는 성경 지식을 익혀 우위에 서고 해석 기술을 갈고닦아 기발한 것을 발견하는 데 목적을 두지 않는다. 성경 읽기를 정신 훈련과 개념 파악을 위한 독서에 불과한 것에 머물게 하지 않는다. '적용'을 요구한다. '그러면 우리는 어떻게 살 것인가?'를 묻게 한다. '구원 그 이후'를 탐구하게 한다. C. S. 루이스(Lewis)의 표현을 빌리자면, 예수님은 '모호한 이상주의'(idealistic gas)를 가르치지 않으셨다. 구체적으로 명령하셨고, 그 명령을 실질적인 방식으로 실행하길 바라셨다. 대티슨 선교사가 한국 교회를 향해 꿈꾼 대로, 큐티는 이 예수님의 가르침을 따라 '개개인의 말씀 중심의 삶'을 부흥케 하는 분명한 동력이 되었다.

개역개정 성경이 예수님 시대의 주식인 빵을 떡으로 번역하는 바람에 우리가 떡 먹듯 말씀을 읽는다는 농담을 들은 적이 있다. 말씀은 특별한 날에 가끔 먹는 떡이 아니다. 말씀은 밥이어야 한다. 소소한 일상이어야 한다. 당연한 습관이어야 한다. 매일 성경이어야 한다. 그래서 한국성서유니온선교회는 설립 초기에 다음과 같은 인상 깊은 표어로 묵상운동을 펼쳤다.

아침을 잡수셨습니까?

큐티는 떡이 밥이 되게 했다. 말씀이 목회자가 차려 주는 특식이 아닌, 내가 매일 스스로 지어 먹는 '집밥'이 되게 했다. 이런 점에서 묵상운동은 성직자가 전유했던 성경을 성도에게 돌려주는 '종교개혁 운동', 성도의 독립적인 신앙생활을 고취하는 '평신도 운동'과도 맞닿아 있다.

앞서 이야기한 대로 약점도 존재한다. 성도 개개인이 성경을 묵상하다 보니 내 욕망에 따라 본문을 왜곡하기도 하고, 맥락을 무시한 채 내가 듣고 싶은 한 구절을 하나님의 뜻이라고 밀어붙이기도 하며, 하나님 이야기보다 내 이야기를 앞세우기도 한다. 그래서 큐티는 공동체 운동이어야 한다. 함께 나누고 배우고 교정하여 '우리'라는 답을 모색해야 하고, '하나님 나라'라는 결론에 이르러야 한다. 그러므로 "큐티가 한국 교회를 망치고 있다"는 말은 다음과 같이 교정되어야 한다.

큐티는 교회와 함께일 때 그 본질과 능력을 찾는다.

이것이 한국성서유니온선교회가 교회와 함께하고 교회를 돕는 단체로 자리매김한 이유다. 50년 동안 「매일성경」은 나의 느낌이 아닌 '하나님은 어떤 분입니까?'를 묻고, 형통과 축복이 아닌 '하나님 나라'를 해설로 담아, 한국 교회에 묵상의 바른 기준을 제시하려 애써 왔다. 이것이 큐티를 한국 교회에 소개한 한국성서유니온선교회의 책임이라 믿는 우리는, 변화하는 시대 가운데 변함없는 말씀의 능력을 경험케 하는 사명을 이어 가려 한다.

큐티(Quiet Time)는 그 이름 그대로 '답'에 재빨리 도달하는 일이 아닌 '시간'을 묵독히 들이는 일이다. 몸으로 하는 일이다. 때로는 몸부림이다. 이것은 인공지능(AI) 기술이 해 줄 수 없는 일이다. AI에게 성경 본문을 물으면 내 수준에 딱 맞는 해석과 적용을 요약해 주고 큐티 모임에서 나눌 이야깃거리까지 정해 주는 효율의 시대가 올지라도, 「매일성경」은 비효율적으로 말씀 앞에서 끙끙대는 시간을 유발하는 도구여야 할 것이다. AI가 결코 대신해 줄 수 없는, 말씀이 내 몸을 통과하는 체험을 한 이들이 한 자 한 자 눌러 쓴 사람 냄새 나는 고백이어야 할 것이다. AI보다 느리고 부정확할지라도, 하나님은 AI로 대체할 수 없는 우리의 시행착오와 우여곡절 속에 더 정확하고 빠르게 깃드실 것이다.

이렇듯 지난 50년과는 전혀 다를 다음 50년을 준비하는 한국성서유니온선교회는 18인의 성경 교사에게 「매일성경」의 본질을 되짚는 다음과 같은 질문을 던졌다.

묵상이란 무엇인가?

이 답을 한국 교회 성도들과 나누고 함께 고민하며, 변화하는 시대를 품되 변함없는 말씀의 능력을 증언하는 매일의 묵상 동반자가 되기를 소망한다.

한국성서유니온선교회 출판국

묵상,
성경이
나를
읽는
시간

권연경

묵상은 대화다

서울대학교 영어영문학과를 졸업하고, 미국 풀러신학교와 예일대학교 신학부를 거쳐, 영국 런던대학교 킹스칼리지에서 갈라디아서의 종말론 연구로 박사 학위를 받았다. 현재 숭실대학교 기독교학과 교수이자 기독연구원 느헤미야의 연구위원이다.

타인, 타자성 그리고 대화

『나와 너』(*Ich und Du*)를 저술한 마르틴 부버(Martin Buber)는 '대화의 철학자'라 불린다. 그에 의하면 우리 삶의 본질은 '관계'다. 그래서 우리 존재를 규정하는 근원어는 하나가 아닌 '짝말'이다. '나-그것'이 그 하나이고, '나-너'가 또 다른 하나다. 이 짝말은 우리가 주변의 세계와 맺는 관계의 방식을 묘사한다. 나는 주변의 이웃이나 세계를 '그것'으로 대할 수도 있고, '너'로 마주할 수도 있다. '나-그것'의 관계에서 나는 이웃을 '그것'으로, 곧 내가 계산하고 통제하고 이용할 수 있는 대상으로 간주한다. 이때 나는 주변의 이웃과 세계를 그런 식으로 바라보는 사람으로 존재한다. 반면 '나-너'의 관계에서 나는 나의 이웃과 세계를 '너'로, 곧 내가 통제할 수도 없고 다른 것으로 대체할 수도 없는 그 자체의 인격으로 마주한다. 내 앞에 선 사람이 나의 의도에 종속되지 않는 독립된 타인임을 알고 그 독자성을 존중하는 것이다. 여기서는 나 역시 너와의 관계에 참여하는 존재, 그 관계에 따라 변할 수 있는 개방된 사람으로 존재한다. 이런 관계에서 대화가 가능해진다.

상담을 공부한 이들은 '내담자 중심' 혹은 '인간 중심' 상담을 내세운 칼 로저스(Carl R. Rogers)를 생각할 것이다. 공감은 하되 감정이입은 안 된다고 생각하는 통념과 달리, 로저스는 상담자가 내담자와 열린 관계를 맺어야 한다고 생각했다. 이는 내담자뿐 아니라 상담자 역시 그 관계에 대해 열린 상태다. 열려 있다는 것은 관계 자체에 참여하고 그 관계에 따라 변할 수 있다는 뜻이다. 상담자-내담자 이전에, 사람과 사람으로서 진솔한 관계를 맺는다. 이런 진솔하고 열린 관계 속에서 내담자는 아무 두려움 없이 자기 자신을 탐색한다. 그리고 이를 통해 자신의 문제를 파악하고 이 문제를 넘어 자신을 실현하는 힘을 회복할 수 있게 된다는 발상이다.

혹은 에리히 프롬(Erich Seligmann Fromm)의 『소유냐 존재냐』(*To Have or to Be?*)를 기억하는 이도 있을 것이다. 우리는 소유의 방식으로 살 수도 있고, 존재의 방식으로 살 수도 있다. 길가의 아름다운 꽃을 그 자체로 두고 즐길 수도 있고, 그걸 꺾어 와 내 소유로 삼을 수도 있다. 황제인 듯 황제 아닌 아우구스투스가 흥미로워 로마사를 수강할 수도 있고, 딱히 흥미는 없지만 학점 관리에 최적이라 선택할 수도 있다. 열심히 공부하는 건 비슷하지만, 로마사 자체가 내 관심사인 경우와 그냥 학점을 위한 수단에 머무는 경우는 다르다. 부버식으로 말하자면, 해당 주제와 '나-너'의 관계로 들어가는 것과 그냥 '나-그것'의 관계에 머무는 것의 차이다.

관계에 관한 이런 통찰의 핵심은 타자의 타자성을 인정하는 것이다. 내 앞에 있는 존재는 자기 나름의 가치와 의도를 지닌다. 따라서 나의 의도나 통제에 종속될 수 없다. 이는 나 자신의 한계를 인식하고 남과 나 사이의 경계를 인정하는 것이다. 바로 이 타자성의 수긍에서부터 진정한 대화의 가능성이 생겨난다. 이런 대화는 서로에 대한 더 깊은 이해로 이어진다. 상대방을 내 의도에 종속시키려는 정치 행위가 아니라, 상대를 있는 그대로 마주하는 만남이기 때문이다. 물론 서로를 향한 이해가 깊어질수록 나누는 대화 또한 달라질 것이다. 이런 만남과 대화는 우리를 바꾼다. 내 앞의 상대나 나나 모두 열린 마음으로 서로를 마주하며 대화하기 때문이다. 가장 뻔해 보이지만, 실제로는 가장 어려운 일 중 하나다.

성경의 타자성

대화 혹은 관계에 대한 현인들의 통찰은 성경을 마주하는 우리 태도에 대해 많은 생각거리를 던져 준다. 성경과의 관계에서 우리가 가장 흔히 저지르는 실수가 바로 성경의 타자성을 무시하는 것이기 때문이다. 나는 성경을 사랑하지만, 성경은 내 소유가 아니다. 나의 하루를 기록한 일기도, 내 생각을 기록한 비망록도 아니다. 내가 편하게 읽어도 되는 그런 책이 아니라는 뜻이다. 그렇다고 나를 위해 기록된 것도 아니다. 성경의 모든 글은 나 아닌 누군가가 나 아닌 누군가를 염두에 두고 쓴 글이다. 성경의 모든 문서에는 그 나름의 저자나 편집자가 있고, 또 애초에 의도된 독자가 있다. 물론 우리는 원래 저자들이 의도한 그 독자가 아니다. 하나의 책으로서 성경과 나 사이에는 무시할 수 없는 역사적, 문화적 거리가 있다. 그 점에서만큼은, 오래전 기록된 여느 고전과 다를 바 없다. 고전의 생경함은 성경이라고 없어지는 것이 아니다.

성경을 하나님의 말씀으로 읽으면 말씀과 우리 사이의 거리는 그만큼 멀어진다. 성경을 하나님의 말씀으로 고백한다 해서 갑자기 인간적 차원이 사라지고 '나를 위한 하나님의 말씀'으로 변하는 것이 아니다. 인간의 영향을 부정하는 쿠란이나 몰몬경과 달리, 교회는 하나님이 사람의 글을 통해 말씀하신다고 고백한다. 성경이 사람의 글이라는 사실을 충분히 인식하면서, 그 적나라한 소통 과정 전체가 우리를 위한 하나님의 말씀이 된다고 고백한다. 따라서 성경이 하나님의 말씀이라고 해서 성경과 나의 거리가 지워지는 것은 아니다. 가령 하나님을 향한 시편 속 인간의 항변은 어떻게 인간을 향한 하나님의 음성이 되는 것일까? 갈라디아 교회들을 향한 바울의 날 선 비판이나 고린도 신자들을 비꼬는 그의 신랄한 풍자가 어떻게 2천 년 뒤 나를 위한 하나님의 말씀이 되는 것일까? 골치 아픈 질문은 덮어두고, 그냥 그때그때 마음 가는 대로 읽으면 될까? 하지만 그건 내 앞에 '너'로 서 있는 말씀에 다가가는 것이 아니라, 말씀을 '그것'으로 만들어 내 생각대로 요리하는 것이 아닌가? 내 앞에 놓인 말씀은 내 마음대로 재단할 수 없는 엄연한 타자라는 인식, 바로 여기서 제대로 된 관계 맺기가 시작될 것이다.

말씀을 '그것'으로 대하는 잘못

성경 공부를 위한 참고서인데 간혹 '정복'이나 '마스터' 같은 제목을 단 책들이 보인다. 성경을 더 잘 알고 싶은 열정은 이해가 가지만, 그래도 불편하다. 정복의 열정은 상대방의 대상화를 전제한다. 내가 정복하고 싶은 대상은 내가 통제하고 이용할 수 있는 '그것'일 수는 있어도, 내가 존중해야 할 '너', 그래서 서로 열린 마음으로 관계를 맺을 '너'는 아니다. 나는 성경을 '정복'하고 싶고, 그 내용을 '마스터'하고 싶다. 나의 이런 열망은 더 깊은 이해를 향한 열정일까? 아니면 성경조차 내 것으로 삼으려는 욕망일까? 수능을 위해 참고서를 정복하듯 성경 이야기 역시 정복해야 할 무언가로 대상화하는 것, 내가 함부로 할 수 없는 말씀 앞에 서서 그 말씀과 열린 관계로 들어가지 않고 말씀을 파악하고 나에게 유익한 방식으로 이용하려 드는 것은 잘못이다.

목적이 분명할수록 우리는 이런 실수에 자주 빠진다.

나는 성서학자다. 성경 읽기가 나에게는 밥벌이의 일부다. 성경을 부지런히 읽을수록, 그리고 성경에 관해 많은 말을 할수록 더 많은 이익이 생긴다. 이렇게 성경은 나에게 '그것'으로 존재한다. 나는 성경을 읽고, 분석하고, 해석한다. 또 그걸 글과 강의로 만들어 유통하고 생계를 유지한다. 직업이니 필요한 일이지만, 위험 또한 분명하다. 직업 활동의 대상이 되는 만큼, 말씀을 '너'로 바라보며 마주하는 일이 어려워진다. 성경을 다루는 데 능숙해질수록, 성경을 다루는 데만 익숙한 사람이 되는 것이다. 능숙한 성경학자가 되어 가면서 진솔한 그리스도인 되기를 잊은 사람이 많은 것은 결코 우연이 아니다. 가장 진솔한 '나'로서 말씀의 '너' 앞에 서는 시간조차 나의 필요를 위해 말씀을 이용하는 행위로 전락하기 때문이다.

설교자 역시 같은 어려움을 겪는다. 늘 설교의 부담 아래 살아가는 사람에게는 모든 것이 설교거리다. 설교자인 만큼, 말씀을 읽고 거기 담긴 메시지를 발견하는 것만큼 중요한 일이 없다. 그래서 부지런히 말씀을 읽는다. 그 말씀에서 멋진 메시지를 깨닫고 기뻐한다. '내게 주시는 하나님의 말씀'을 들었을 때의 기쁨이다. 적어도 처음에는 그렇다. 그런데 깎아 놓은 고구마처럼 금방 색이 변한다. 처음의 순수한 감격은 금방 오는 '주일설교거리'를 확보했다는 안도감이 된다. 나를 위한 말씀이던 것이 곧바로 교인들을 위한 교훈으로 모습을 바꾼다. 때로는 이

설교를 꼭 들어야 할 교인들의 얼굴이 떠오르기도 한다. 이처럼 설교에 농이 익을수록, 나는 전문 '설교자'로서의 자태를 굳혀 간다. 그러다 보면, 말씀 앞에 겸허히 서서 그 말씀을 들어야 할 그리스도인으로서의 나는 더 이상 존재하기 어렵다. 말씀을 '그것'으로 다루는 데 숙달되면서 말씀을 '너'로 마주하는 법을 망각하는 것이다.

이처럼 말씀을 대상화하는 위험은 직업적으로 성경을 다루는 사람에게만 있는 것일까? 누구나 겪어 알겠지만, 전혀 그렇지 않다. 의도를 갖고 성경에 접근하는 것은 소위 '프로'나 '아마추어'나 마찬가지다. 사실 모든 그리스도인은 같은 위험 아래 놓여 있다. 애초에 성경을 펴서 묵상하는 행위 자체가 의도적이기 때문이다. 그리스도인은 성경을 하나의 고전이 아니라 하나님의 말씀으로 대한다. 나는 지금 읽는 말씀에서 내게 주시는 하나님의 음성을 듣고 싶다. 그러니까 처음부터 성경을 읽고 묵상하는 행위는 하나님의 뜻을 알아내겠다는 뚜렷한 의도에 이끌린다.

매우 고상한 의도지만 위험하다. 내가 품은 의도는 종종 내 앞에 놓인 말씀이 나의 소유가 아닌 '타자'라는 사실을 잊게 만든다. 내가 존중하며 경청해야 할 목소리라는 사실을 무시하고, 내가 원하는 메시지의 제공자가 되기를 기대한다. 때로는 그런 메시지가 나오도록 말씀을 압박하기도 한다. 이렇게 말씀을 향한 나의 사랑과 열정은 쉽게 말씀에 대한 폭력으로 변한다. 자녀를 '사랑'하는 부모의 '기대'가 오히려 존중되어야 할 자녀의 인격을 침해하는 '폭력'이 되는 것과 비슷하다.

사랑, 폭력, 우상숭배

말씀을 묵상할 때마다 우리는 늘 이런 위험과 마주한다. 나는 오늘 내게 주시는 하나님의 음성을 듣고 싶다. 제대로 된 대화라면 묵상은 내 앞에 놓인 말씀을 찬찬히 읽고, 내 의도나 필요와는 상관없이 존재하는 말씀 자체의 의미를 묻는 것으로 시작할 것이다. 그리고 그 말씀의 풍경이 혹은 그 속에 담긴 장면이 나에게 어떤 의미가 될지 묻고 생각할 것이다. 하지만 나의 하루는 그렇게 한가하지 않다. 나는 최대한 신속하게 내 앞에 놓인 말씀에서 나를 위한 메시지를 찾고 싶다. 열심 있는 사람들이 잘 걸리는 소위 '적용 강박증'이다. 그래서 나의 묵상은 종종 말씀의 정원 자체를 차분히 음미하는 대신, 그 정원을 바삐 뒤적이며 내가 원하는 것을 찾는 보물찾기가 된다. 종종 나의 이런 열망은 내가 원하는 보물을 만들어 내는 경지로 발전한다. 내가 읽은 말씀을 이리저리 굴리며 내게 맞는 메시지를 창조해 낸다. 이런 움직임에 숙달되면, 어색한 느낌조차 없어진다. 말씀을 내 맘대로 요리하고 있다는 죄책감은커녕, 오히려 '하나님의 음성을 잘 듣게 되었다'는 흐뭇함이 든다. 이렇게 되면 성경은 더 이상 그 자체로 살아 있는 하나님의 말씀이 아니다. 나의 성경 읽기는 오늘의 운세를 알아내려는 시도와 비슷하고, 성경은 나에게 적절한 점괘를 보여 주는 주문 모음집이 된다.

말씀에 대한 폭력이 이렇게 쉽게 자행되는 것은 하나님의 말씀이 생생한 육성으로 들리는 것이 아니라, 아무 말도 하지 않는 글로 존재하기 때문이다. 글은 스스로 자기 의미를 내세우지 않는다. 글로 된 말씀과의 대화는 전적으로 내 편에서의 해석에 달려 있다. 성경을 펴서 읽는 것도 나요, 거기 쓰인 내용을 해석하는 것도 나다. 그래서 내가 원하는 방식으로 주무를 수 있다. 읽는 과정에서 이런저런 조작을 수행할 수 있고, 읽은 결과를 내가 원하는 방식으로 활용할 수도 있다. 내가 하고 싶은 생각을, 내가 하고 싶은 일을 하나님의 이름으로 할 수 있으니 이보다 좋을 수가 없다. 하지만 말리는 사람이 없다. 독이 오른 사춘기 아이와 달리, 말씀은 사랑을 가장한 나의 집착과 폭력에 저항하지 않는다. 그래서 나는 나의 폭력을 인식하지 못한다. 내가 우겨서 메시지를 찾아내거나 본문을 취사선택하여 메시지를 만들어도 잘못했다는 생각이 들지 않는다. 오히려 하나님이 내게 맞는 말씀을 주셨다고 감사하고, 나와 하나님의 관계가 건강하다고 기뻐한다. 문제가 없어 보이지만, 실은 위험한 상태다. 성경의 타자성을 무시하고, 성경을 나 자신의 욕망과 생각에 종속시키는 행태이기 때문이다.

성경을 대하는 우리의 태도는 다분히 역설적이다. 한편으로는 하나님의 말씀이라 고백하며 존중하면서, 다른 한편으로는 그냥 내게 편리한 대로 읽고 적용한다. 그러니까 하나님의 말씀이라는 우리 고백이 실제 말씀을 읽고 묵상하는 태도에 아무런 영향을 미치지 못한다. 성경의 권위에 대한 공식적인 고백과 실제 성경을 다루는 자의적 태도의 결합은 내 생각을 하나님의 뜻으로 둔갑시키는 '해석학적 우상숭배'의 상황을 만들어 낸다. 내 마음대로 성경을 읽으면서 그것을 하나님의 말씀이라 강변할 수 있기 때문이다. 자신의 이기적 해석을 하나님의 말씀이라 설교하는 설교자들 때문에 고통스러워하는 신자들이 적지 않다. 아무리 생각해도 정당화할 수 없는 발상을 하나님의 권위로 들이대기 때문이다. 하지만 내게 편리하고 유리한 생각을 하나님의 뜻으로 만드는 재주는 설교자만의 전유물이 아니다. 성경을 마주하는 우리 모두 이런 '해석학적 우상숭배'의 잘못에서 자유롭지 않다.

목숨처럼 사랑하는 자녀를 독자적인 인격으로 인정하기가 쉽지 않은 것처럼, 내가 사랑하는 하나님의 말씀이 나와 별개로 존재하는 '타자'임을 인정하기도 쉽지 않다. 하지만 우리가 늘 경험하는 것처럼, 사랑은 쉬이 통제를 위한 명분이 된다. 물론 진정한 사랑이 아니라 내가 사랑이라 우기는 욕망, 곧 상대를 '그것'으로 만들어 내 마음대로 통제하려는 끈질긴 욕망이다. 건강한 묵상은 바로 이런 대상화의 욕망을 점검하는 데서 시작된다.

우리가 말씀 읽기를 '명상' 혹은 '묵상'으로 표현하는 것은 이런 필요와 무관치 않을 것이다. 명상(瞑想)은 말 그대로 '눈 감고' 생각에 잠기는 것이다. 눈을 통해 들어오는 주변의 자극을 막으려는 것이다. 묵상(默想)은 침묵하며 생각에 잠긴다는 말이다. 명상이 밖에서 오는 잡음을 제거하려는 시도라면, 묵상은 내가 만들어 내는 소음을 잠재우려는 시도다. 눈을 감든 입을 다물든, 모두 혼란스러운 정념을 차단하고 올곧은 정신으로 사유에 집중하겠다는 의도의 표현이다. 성경 읽기에서는 무엇보다 말씀을 나의 '그것'으로 만들려는 욕심을 차단하는 일이 중요할 것이다. 말씀이 나의 것이 아님을 인정하고, 나의 선제적 의도를 내려놓는 일, 겸허하고 차분한 마음으로 말씀을 '너'로 마주하는 일, 이것이 제대로 된 성경 묵상의 첫 단추다.

대화로서의 묵상

말씀의 권위에 대한 고백은 말씀의 다름에 대한 인식을

포함한다. 내가 아닌 다른 사람의 말이라면 내가 좋은 대로 읽을 수 있는 글이 아니다. 성경을 저술한 인간 저자의 의도가 있을 것이고, 궁극적으로는 그 말씀을 통해 전하려는 하나님의 의도가 있을 것이다. 이렇게 나는 내가 아닌 다른 누군가의 생각이 담긴 글을 읽는다. 그런 점에서 묵상은 나 아닌 다른 사람과 나누는 대화를 닮았다. 내가 중요한 상대와 대화를 나눈다고 생각해 보자. 상대방이 소중한 사람이라면, 그의 말을 귀찮아하며 흘려듣거나 대충 듣고 내 맘대로 속단하는 실수를 피할 것이다. 오히려 상대의 입에서 나오는 말을 차분하고 진지하게 따라가며 그 의미를 파악하려고 애를 쓸 것이다. 상대의 생각이 나와 다를수록 나의 듣기는 더 세심해질 것이다. 정확한 이해를 위해 자주 질문을 던지기도 할 것이다. 이런 식으로 진지하게 이야기를 나누며 상대방의 의도가 무엇인지 가늠할 것이다. '나'와 '너'가 서로 열린 관계 속에서 대화하는 것처럼, 열린 마음으로 말씀과 마주하여 이야기를 나눈다.

대화의 목적은 내가 지닌 의도나 필요를 채우는 것이 아니라 상대방을 더 잘 이해하는 것이다. 말씀과의 대화도 그렇다. 열린 마음으로 말씀을 읽고 묵상하면, 말씀에 대한 이해는 더 깊어진다. 말씀과의 대화가 많아질수록 말씀과 나의 관계도 깊어진다. 말씀을 더 잘 알고, 말씀과의 관계가 깊어질수록 그 말씀은 내 삶에 깊은 영향을 미친다. 나에게 중요한 누군가가 내 삶에 지대한 영향을 미치는 것과 같다. 하루하루 점괘를 알아내려는 적용 강박에 이끌리는 것이 아니라, 더 깊은 차원에서 내 삶을 지탱하고 인도하는 삶의 힘과 지혜가 된다.

부는 악기라도 피리와 백파이프는 작동 원리가 다르다. 피리는 내 입의 바람이 곧바로 소리가 되어 밖으로 나간다. 불기를 멈추면 소리도 멈춘다. 백파이프는 다르다. 내가 부는 바람이 바로 소리로 나가는 대신 바람 주머니로 가 쌓인다. 그리고 쌓여 있는 바람이 그때그때 최적의 파이프를 타고 필요한 소리를 만들어 낸다. 건강한 말씀 묵상은 백파이프의 원리에 가깝다. 매일 말씀묵상을 통해 하루 벌어 하루 먹고사는 것이 아니라, 매일의 대화를 통해 말씀의 바람 주머니를 채운다. 그리고 그 속의 바람은 내 삶의 필요에 따라 적절한 소리를 만들어 낸다.

히브리서는 '예수를 깊이 생각하라'고 독려한다(3:1). '예수를 바라보자'고 말하기도 한다(12:1-2). 말씀은 이런 깊은 숙고, 진지한 바라봄을 통해 우리 삶을 인도한다. 이렇게 되려면 먼저 예수님이 우리 마음에 뚜렷한 존재로 새겨져 있어야 한다. 알지 못하는 예수님을 바라보거나 생각할 수는 없다. 말씀에 대한 묵상이 필요한 이유가 여기 있다. 당장 무슨 지침을 얻자는 것이 아니라, 말씀 속에 그려진 예수님의 모습, 그를 통해 나타나는 하나님의 모습을 더 잘 이해하고, 그 모습을 더 깊이 숙고하는 것이다. 나는 말씀을 매개로 그리스도와 마주하며 진솔한 대화를 이어 간다. 그리고 그분은 구원의 소망을 향해 순례하는 나에게 시의적절한 은혜를 베풀며 나를 이끄실 것이다. 말씀 묵상은 바로 이런 관계를 지탱하는 매일의 양식이다.

권일한

묵상은 이야기다

초등 교사로 30년간 아이들을 가르쳤다. 독서에 기반을 둔 행복한 수업을 만들자고 주장해 왔으며, 이와 관련한 여러 책을 집필했다. 또 『읽다 살다』(잉클링즈)와 『성경을 돌려드립니다』(좋은씨앗)를 통해 평신도로 분투하며 성경을 읽은 기록도 담아냈다.

이야기로 다가온 아이들

교사가 된 첫해, 3학년 아이가 '콧구멍'이란 글을 써왔다. 콧구멍 굴속에 기차가 다닌다는 내용이었다. 깜짝 놀랐다. '우와! 어떻게 이런 생각을 했을까?' 아이를 가르치려고 교사가 되었는데 내가 모르는 세상을 만났다. 그때 난 아이를 몰랐다. 아이를 만날 날을 기대하며 예상한 아이와 실제로 만난 아이가 달랐다. 그 차이가 호기심을 일으켰다. '아이 마음에 어떤 생각이 들었을까?' 궁금해졌다. '다른 아이 마음에도 글이 있겠지? 어떤 글이 있을까?' 아이 마음에 비친 세상이 보고 싶었다.

글쓰기를 가르쳤다. 일기에 댓글을 써 주었다. 다달이 문집을 만들었다. 1학년 34명을 가르칠 때도, 우리 반 학생이 2명일 때도, 전교생이 5명이던 산골에서도 문집을 만들었다. 아이들 글은 내게 선물이었다. 글 선물을 받을수록 아이 마음에 있는 이야기를 듣고 싶었다. 이야기를 들으려 하자, 아이는 한 번도 생각하지 않았던 이야기, 몰래 숨겨둔 이야기까지 들려주었다. 어떤 아이는 마음 깊이 감춰둔 이야기를 쓰면서 울었다. 그래서 나는 아이를 글로 기억하는 사람이 되었다.

아이들과 글을 쓰면서 이야기를 만났다. 바닷가 상처 많은 아이들 이야기, 산과 닮은 사람들이 넉넉히 품어 줘서 상처를 아프게 느끼지 않던 산골 아이들 이야기, 감정 표현이 강한 도시 아이들 이야기, 강원도 시골에 온 베트남 엄마가 울면서 지낸 이야기, 그 엄마의 슬픔과 고통을 물려받아 폭발하던 아이가 글을 쓰며 자신을 찾아 간 이야기, 아이 글을 읽어 주면 울컥하던 어른들 모습, 아이 글을 보낸 대회에서 심사위원 소설가가 어떻게 가르쳤기에 이런 글이 나오냐며 연락했던 이야기…. 아이들 덕분에 이야기를 사랑하는 사람이 되었다.

이야기에 빠져들면서 희미해지는 규칙

처음에는 성경이 규칙 모음으로 다가왔다. 성경을 읽으면 해야 할 일과 하지 말아야 할 일이 보였다. 아침에 묵상하면서 오늘 내가 해야 할 일을 정했다. 하루를 마무리할 때마다 하지 못한 일을 생각했다. 이 과정을 되풀이했다. 그런데 성경에서 이야기를 발견하면서 조금씩 달라졌다. 성경의 인물들이 살아간 이야기를 따라가면서 완벽하던 사람들이 다르게 보였다. 아브라함은 우유부단했고, 이삭은 소심했다. 야곱은 소심한 아버지를 절대로 닮지 않겠다고 결심한 듯 제힘으로 움켜쥐려 했다. 우유부단하든, 소심하든, 움켜쥐려 하든 계획대로 이루지 못했다. 다윗은 한때 하나님 마음에 합했지만(행 13:22), 왕들의 기록(열왕기)에서는 무능한 모습을 보인다. 그들의 이야기에서 내 모습, 부모의 모습, 이웃의 모습을 발견할 때마다 사람이 어떤 존재인지 알게 되었다.

묵상할 때마다 성경은 다채로운 이야기를 보여 주었다. 창세기에 나오는 형제들은 계속 다툰다. 가인이 아벨을 죽인다. 이스마엘이 이삭을 괴롭힌다. 야곱은 에서와 주도권 다툼을 벌인다. 요셉은 형들에게 미움을 받는다. 이런 모습은 모세와 아론이 나올 때까지 이어진다. 이집트를 떠난 뒤에도 다툼은 계속된다. 다윗과 요나단을 만날 때까지 사람과 사람이, 지파끼리, 민족끼리 계속 다툰다. 히브리 공동체 이야기(구약)는 다툼과 분열의 이야기로 이어졌다. 규칙으로 읽을 때와 다른 이야기다.

'하라', '하지 마라' 하는 규정으로 받아들였을 때는 성경의 인물들이 계속 부딪쳤다. 아브라함이 아내를 누이라고 속인 모습을 변호해야 했고, 다윗이 밧세바를 강제로 취한 뒤에 '내가 주께만 범죄했다'(시 51:4) 하는 내용을 좋게 받아들이려고 끙끙댔다. 말씀을 묵상하면서 다윗을 변호하려는 마음을 버리고 다윗의 마음을 들으려 했다. 욥은 옳은 사람, 욥의 친구들은 옳지 않은 사람이라고 결론짓지 않았더니 욥의 친구들 말이 더 옳게 보였다. 오히려 욥이 잘난 척하는 속 좁은 사람으로 보였다. 그러다가 욥이 어떻게 달라졌는지 알게 되었다. 딸에게도 이름을 지어 주는 아버지를 이야기 주인공으로 받아들이게 되었다. 아이가 자라면서 단순한 규칙 준수에서 벗어나듯 성경을 이야기로 읽으면서 다채로운 빛깔을 얻었다.

묵상할수록 다른 이야기로 들리는 말씀

성경은 묵상의 빛을 비추면 색이 계속 달라지는 이야기다. 같은 구절이라도 읽는 이의 마음에 따라 내용이 달라진다. 같은 마음으로 읽어도 나이가 들면 이야기가 바뀐다. 같은 나이에 읽어도 함께 읽는 사람에 따라 내용이 새로워진다. 필자의 이야기, 수신자의 이야기, 화자의 이야기, 청자의 이야기가 다르다. 성경을 묵상하면서 들은 이야기가 다른 이야기를 만든다. 그들 사이에 계신 하나님이 각자에게 맞는 이야기를 들려주신다. 들으려고 다가가면 성경은 우리를 이야기로 새롭게 한다. 빨주노초파남보 일곱 색깔인 줄 알았던 무지개가 실제로는 말로 표현하기 어려운 여러 빛깔이라는 걸 느끼는 순간처럼.

어릴 때 창세기는 하나님이 세상을 만든 이야기였다. 아브라함과 이삭과 야곱과 요셉이 '나처럼 살아라. 그러면 잘된다' 하는 이야기였다. 읽고 묵상하며 다시 읽을 때마다 창세기 빛깔이 달라졌다. 아브라함은 라반을 떠났다. 야곱은 라반에게 돌아갔다. '라반에게 가야 할까, 가지 말아야 할까?' 하며 단순하게 결정하기 어렵다. 아브라함은 자의로 이집트에 갔지만, 가지 말아야 했다. 요셉은 타의에 의해 이집트에 가야 했다. 모세는 파라오에 맞서더라도 이집트를 떠나야 했다. '이집트를 떠나야 할까, 이집트에 가야 할까?'를 넘어서야 했다. 요셉이 이집트 문화에 동화되었기 때문에 가족을 살릴 수 있었던 반면, 이집트 문화에 동화되어 이집트를 그리워하는 백성에게 모세는 하나님의 기준을 알려줘야 했다. '이집트에 동화해야 할까, 배척해야 할까?'를 토론할 수 있지만, 이걸로 한 사람의 삶을 규정지을 수 없었다. 하나님 뜻을 알려면 그들이 어떤 삶을 살았는지 알아야 한다. 그래서 그들의 배경을 그리며 이야기를 들으려 했다.

묵상의 시작, 배경 채우기

묵상을 시작할 때는 내용을 간단하게 한두 줄 요약하고, 오늘 어떻게 살아야 할지 적었다. '글 다섯 편 읽기'나 '글 세 편에 댓글 써 주기' 같은 내용이었다. 이야기는 없고 해야 할 목록만 있었다. 그래도 날마다 묵상했다. 말씀을 묵상하지 않으면 아침을 먹지 않겠다고 다짐하기도 했다. 그렇게 10년이 지났다. 16장까지 있어서 16일 동안 묵상하던 마가복음의 묵상 기간이 한 달, 두 달로 길어지다가 일 년이 되기도 했다. 이야기의 배경을 채웠기 때문이다.

"저물어 해 질 때에 모든 병자와 귀신 들린 자를 예수께 데려오니 온 동네가 그 문 앞에 모였더라"(막 1:32-33). 이천 년 전 갈릴리에는 가로등이 없다. 해가 저물면 깜깜하다. 드문드문 희미한 불빛이 집의 위치를 알려 준다. 이 불빛마저도 8시경이면 꺼졌을 것이다. 기름을 넉넉하게 살 정도로 부유한 사람이 적었다. 등불이 없으면 달빛과 별빛만 남는다. 환자를 데리고 움직이지 못할 정도로 깜깜해진다. 이때 사람들이 병자와 귀신 들린 자를 데리고 베드로 집을 찾아간다. 이천 년 전 갈릴리 마을 풍경을 배경으로 채워 넣으니 말씀이 이야기로 살아났다. 아픔과 고통을 멈춰 줄 사람(예수님)이 가까이 있는데도 안식일이어서 아무것도 하지 못하는 안타까운 마음이 보였다. 발을 동동거리며 안식일이 끝나기를(해가 지기를) 기다렸다가 저물어 해 질 때 '이젠 됐다. 환자를 이송해도 괜찮겠지!' 하며 모든 병자와 귀신 들린 자를 이끌고 갔던 현실이 보였다. 더 어두워지면 가지 못할 테니 해가 지려 할 때, 아직 어스름이 남은 때, 안식일이 끝났다고 봐도 되겠다고 생각할 만한 시간에 얼른 환자를 데리고 예수님을 찾아갔다. 예수님은 안식일을 끝내고 진짜 안식을 주셨다.

성경을 다 아는 이야기로 봤을 때는 휘리릭 넘어갔다. 배경이 텅 비어 늘 똑같은 사람을 똑같은 무대에 올렸다. 마가복음 묵상이 16일 만에 끝날 수밖에 없었다. 이미 아는 것 외에 아무것도 보이지 않았으니까. 당시 사람들이 썼던 생활 도구, 비슷한 시대의 역사적 정황, 성경 이외의 자료에 담긴 당시 모습을 알면서 이야기가 구체화되었다. 산과 들이 보였고, 집과 광장이 만들어졌고, 거리를 지나가고 언덕을 오르내리는 사람들에게 옷이 입혀졌다. 갑자기 비가 내려 길이 진창이 되어 버리자, 바퀴가 빠져 움직이기 어려운 아합의 수레를 앞질러 달려가는 엘리야가 나타났다. 예루살렘에서 여리고로 내려가는 깊은 골짜기 한쪽에 강도 만난 사람이 쓰러진 모습이 보였다. 동화나 소설을 읽으며 인물을 이모저모로 따져본 것도 도움이 되었다.

묵상이 기대를, 기대가 다시 묵상을

아빠가 오셨습니다

이정영(도계초등학교 1학년)

병원에 갔던 아빠가 오셨습니다.
아빠 손에는 붕대가 감겨 있었습니다.
하지만 아빠가 오셔서 즐겁습니다.
한쪽 팔로 저를 안아 주셨습니다.
빨리 나으세요.
아빠 사랑해요!

이 글이 어떻게 느껴질까? 사람마다 느낌이 다르겠지만, 나는 '아빠가 오셨습니다'를 '진-하게' 느낀다. 나는 글을 쓴 정영이를 안다. 얼굴, 말투, 표정이 떠오른다. 엄마가 정영이를 데리러 오는 모습이 생각난다. 근무하던 곳도 안다. 정영이가 쓴 다른 글도 안다. 정영이를 알기 때문에 '아빠가 오셨습니다'가 다채롭게 보인다. 성경을 묵상할 때도 비슷했다. 알면 알수록 다채로워졌다.

하나님의 사랑은 우리에게 예수님을 보냈다. 복음서는 하나님의 사랑 이야기다. 1학년 아이가 아빠를 기다리다 쓴 글처럼. 하나님은 우리를 안아 주신다. 팔을 다쳐 붕대를 감았지만, 한쪽 팔만으로도 아이를 번쩍 안아 올리는 아빠처럼. 아이가 보여 준 글 덕분에 계속 기대하게 되었다. 아이가 쓴 글이 새로운 글을 기다리는 마음을 주었다. 말씀을 묵상하며 이야기가 생길수록 앞으로 만날 이야기에 대한 기대가 커졌다. 묵상이 묵상을 밀고 간다. 30년 동안 계속 묵상한 건, 하나님이 말씀으로 나를 계속 안아 주셨기 때문이다. 십자가 흔적이 남은 손과 발로 말이다. 흔적이 희미해져서 묵상하는 기쁨을 느끼지 못할 때도 있었지만, 다시 이야기가 들릴 거라는 기대는 사라지지 않았다.

삶에 스며든 묵상이 이야기를 바꾸다

묵상하면서 처음 10년 동안 '성경을 해석하는 방법'에 관한 책을 몇 권 읽었다. 성경 본문을 설화체(이야기), 강화체(설교), 운문체로 나눈다고 배웠다. 교차대구(대구를 구조적으로 활용한 히브리 표현 방법)를 배웠다. 바울의 편지를 받은 지역의 상황과 주요 역사를 알았다. 이어지는 10년 동안 묵상이 깊어졌다. 이때부터 성경 말씀이 이야기로 다가왔다. 옳고 그름보다 사람이 보였다. 묵상하면서 사람의 마음을 바라보게 되었다. 그리고 묵상이 내 삶의 이야기를 바꾸기 시작했다.

2012년 7월 15일, 강원도 삼척시 소달 마을 은총교회에서 가스가 폭발했다. 사모님이 돌아가시고 아이 9명이 중화상을 입었다. 때마침 나는 2013년 동해시에서 삼척으로 학교를 옮겨 신동초등학교로 발령이 났다. 그런데 장학사가 소달초등학교로 옮겨 달라고 했다. 고생해야 하는 자리여서 아무도 가지 않으려 했다. '교회에서 가스가 폭발해서 목사 사모님이 죽었다면, 사람들이 교회를 어떻게 생각할까? 미신을 믿는 산골 사람들이 하나님에게 능력이 없다고 생각하지 않을까?' 하는 생각이 들었다. 1초도 안 되는 짧은 순간에 이런 생각이 들면서 내가 가야 할 곳이라고 생각했다. "권일한이 착해서 학교를 옮겼다고 대답한다면 가지 않겠습니다. 장학사님 입으로

권일한이 예수님 때문에 갔다고 말해 주세요. 그럼 소달 초등학교로 갈게요" 하고 대답했다.

말씀을 꾸준히 묵상하지 않았다면 이런 생각이 들지 않았을 것 같다. 말씀을 묵상하면서 학교가 교회라고 생각했다. 아이들을 섬기는 게 예배라고 생각했다. 상처 입은 아이를 위로하고, 가난한 아이에게 먹을 것을 주고, 경쟁에 지친 아이에게 쉴 틈을 주고, 아이와 함께 놀고, 웃고, 글을 쓰면서 마음을 편안하게 해 주는 게 예배라고 생각했다. 이런 예배를 드리면서 아이를 바라보는 시선이 달라졌다. 학교를 교회라 생각하는 시선은 하나님이 내게 들려주신 이야기의 결과였다. 그 시선은 보이는 상처인 화상보다 보이지 않는 더 큰 상처를 보게 했다. 그래서 많이 힘들었고, 나도 많이 아팠다. 예상하지 못한 고통을 만났다. '내가 아파야만 아이들이 낫는구나!' 하는 깨달음 속에서 예수님의 마음을 조금은 알게 되었다.

삶이 된 이야기

내겐 이야기가 있다. 아이들이 손으로 쓴 이야기, 하나님이 묵상으로 들려주신 이야기, 시간이 지나면서 힘든 기억도 아름다운 이야기로 바뀌었다. 묵상을 나누었다. 사람들은 자신이 듣던 이야기와 달라서 좋다고, 생각하게 된다고 했다. 교회에서, 교사 모임에서, 기독교사 대회에서, 여러 곳에서 묵상을 나누었다. 내 이야기를 들은 사람이 하나님 말씀을 새롭게 보고 자기만의 이야기를 만들어 가길 바랐다. 앞으로도 계속 나눌 수 있을지 모르겠다. 꼭 들려주고 싶은 이야기라고 생각했는데, 꼭 들려주지 않아도 된다는 생각이 커졌다 여유로워졌는지, 희미해졌는지 알 수 없다.

묵상은 사람마다 다르다. 하나님은 인격이시고, 우리 인격에 반응하신다. 내겐 이야기를 들려주신 하나님이 다른 사람에게 다른 방식으로 말씀하신다. 누구에겐 규칙으로, 누구에겐 느낌으로, 누구에겐 불처럼 말씀하셨을지도 모른다. 어떤 사람은 사막에서 묵상하는 수도자가 되어야 했고, 다른 사람은 두리 속에서 사역자가 되어야 했다. 스데반은 돌에 맞아 죽었고, 바울은 돌에 맞고도 살았다(행 7:54-60; 14:19-20). 스데반과 바울은 하나님 이야기의 한 부분이 되었다. 나도 그렇고 여러분도 그렇다.

차준희

묵상은
새김이다

서울신학대학교를 졸업하고, 연세대학교 대학원에서 신학석사, 독일 본 대학교에서 신학박사 학위를 받았다. 현재 한세대학교 구약학 교수며, 영산신학대학원장, 미국 풀러신학교 신학대학원 객원교수, 한국구약학 연구소 소장이다.

최초의 말씀 묵상: 희생제사에서 말씀예배로

느헤미야 8장은 에스라의 종교개혁에 관하여 기록하고 있다.

> 이스라엘 자손이 자기들의 성읍에 거주하였더니 일곱째 달에 이르러 모든 백성이 일제히 수문 앞 광장에 모여 학사 에스라에게 여호와께서 이스라엘에게 명령하신 모세의 율법책을 가져오기를 청하매 일곱째 달 초하루에 제사장 에스라가 율법책을 가지고 회중 앞 곧 남자나 여자나 알아들을 만한 모든 사람 앞에 이르러 수문 앞 광장에서 새벽부터 정오까지 남자나 여자나 알아들을 만한 모든 사람 앞에서 읽으매 뭇 백성이 그 율법책에 귀를 기울였는데 그 때에 학사 에스라가 특별히 지은 나무 강단에 서고.
>
> (느 8:1-4a)

이스라엘 자손이 '수문 앞 광장'에 모여 있다. 여기에는 의미심장한 의미가 담겨 있다. 지금 이들에게 세 가지 종교사적인 변화가 일어나고 있다.

첫째, 예배의 장소가 '성전'에서 '광장'으로 바뀐다. 예루살렘 성에는 여러 개의 문이 있다. 예를 들면, 배설물만 나르는 '덩 게이트'(Dung Gate), 물고기를 나르는 '피쉬 게이트'(Fish Gate), 동쪽을 향하고 황금으로 된 '골든게이트'(Golden Gate), 그리고 물을 나르는 '수문'(Water Gate) 등이 있다. 이 본문에 기록된 사건은 '수문'에서 일어난 일이다. 백성들이 '수문 앞 광장'에 모여서 말씀을 듣고 울며 회개하는 역사가 일어났다. 모인 장소가 '성전 안'이 아니라 '성전 밖'으로 바뀌었다는 것이 첫 번째 변화다. 하나님의 말씀이 성전에서 광장으로 나온 것이다. 하나님의 율법이 성전 안에 갇혀 있지 않고, 더 넓은 세상으로 나왔다.

둘째, 예배의 집례가 '제사장'에서 '학사'(학자)의 몫으로 바뀐다. 에스라는 본디 학자 겸 제사장이다.

> 여호와의 계명의 말씀과 이스라엘에게 주신 율례 학자요 학자 겸 제사장인 에스라에게 아닥사스다 왕이 내린 조서의 초본은 아래와 같으니라. (스 7:11)

그런데 이 본문에서는 '학사 에스라'라고만 소개한다(느 8:4). 이전에는 제사장이 제사를 집례했는데 이제는 학사가 그 일을 대신한다. '제사장의 신분'이 아닌 '학사의 신분'으로 말이다.

셋째, 예배의 중심이 '제단'에서 '강단'으로 바뀐다. 에스라는 "특별히 지은 나무 강단에 선다"(느 8:4). 희생제사를 드리는 제단을 말씀이 전달되고 풀이되는 강단이 대신한다.

이어서 느헤미야 8:8-9에 보면 말씀 전달 과정이 소개된다.

> 하나님의 율법책을 낭독하고 그 뜻을 해석하여 백성에게 그 낭독하는 것을 다 깨닫게 하니 백성이 율법의 말씀을 듣고 다 우는지라 총독 느헤미야와 제사장 겸 학사 에스라와 백성을 가르치는 레위 사람들이 모든 백성에게 이르기를 오늘은 너희 하나님 여호와의 성일이니 슬퍼하지 말며 울지 말라 하고.

지금 에스라는 하나님의 율법책을 낭독하고 있다. 그때는 음향시설이 발달하지 않았기 때문에, 에스라가 낭독하는 소리가 뒤에 있는 사람들에게까지 전달되지 않았을 것이다. 그래서 그들 중간중간에 서 있던 레위인들이 에스라가 히브리어로 낭독하는 율법책을 통역해 주었다. 당시 이스라엘 백성은 모국어인 히브리어를 잊어버리고 국제 공용어인 아람어를 사용했기에 아람어 통역이 필요했다. 8절을 풀어서 번역하면, "그들은 그 하나님의 율법책을 나누어서 단락별로 또박또박 분명하게 읽고 설명해 주었으며, 백성은 그 낭독된 것을 이해하게 되었다"가 되겠다. 그런데 놀라운 일이 발생했다. 에스라가 낭독하는 말을 레위인들은 그저 통역만 해 주었는데, 백성이 그 말씀을 깨닫고 통회 자복하는 일이 일어났다.

이어서 느헤미야 9장에서 백성은 회개 기도를 하고, 10장에서 율법 준수를 다짐하며 앞으로 어떻게 살 것인지를 작정한다. 이것은 매우 놀라운 사건이다.

요약하면, 지금까지는 '성전 안'에서 '제사장'을 중심으로 '희생제사'를 드렸던 예배 의식이 이제는 성전 바깥 '회당'에서 '학사' 중심으로 하나님의 말씀과 계명을 풀이해 주는 '말씀예배'로 바뀌는 순간이다. 그야말로 획기적인 종교개혁이 일어난 것이다. 이것은 새로운 공동체로의 변화를 의미한다. 희생제사에서 말씀제사, 즉 말씀예배로 탈바꿈한다. 이 사건은 최초의 말씀 묵상이다. 말씀만 제대로 이해하면 삶의 내면이 뒤집히고 사회가 변한다.

말씀 묵상: 경전 먹기

우리나라는 예로부터 말씀을 경전으로 대하는 전통이 있다. 예를 들면, 성경을 '봉독'(奉讀)한다고 한다. 여기서 '봉'은 '받들 봉'이고, '독'은 '읽을 독'이다. 성경을 경전으로 받들어 읽는다는 뜻이다. 그래서 옛날부터 우리나라는 경전이라고 하면 묻지도 따지지도 않고 무조건 다 외웠다. '하늘 천(天), 따 지(地), 검을 현(玄), 누를 황(黃)…' 이런 식으로 달달 외웠다. 우리나라 선교 초기 많은 신자가 성경을 외웠다. '외우는 것'이 곧 '먹는 것'이다! "경전은 먹어야 한다"고 생각했기 때문이다.

1945년 해방 당시 우리나라 국민의 약 80퍼센트가 문맹이었다고 한다. 대다수 문맹인에게 성경이 어떻게 전달되었을까? 그들은 성경을 듣고 외우고 암송하고 실천했다. 문맹이기에 사복음서를 들어서 다 외우거나, 신약을 통째 외우는 신자들도 있었다고 한다.

우리나라 선교 초기 개성에 전설적인 시각장애인 전도자 백사겸이라는 사람이 있었다. 백사겸은 사복음서를 다 외운 인물로 유명하다. 백사겸은 어려서부터 시각장애인이었고, 개종 전에는 이름을 날리던 점쟁이였다. 하지만 예수님을 믿고 난 후 그동안 점쳐서 번 재산을 모두 정리하고, 지팡이 하나 잡고 전도 길에 나서 고양과 파주, 장단, 개성 등지에 많은 교회를 세웠다. 그리고 아들 백남석의 도움을 받아 성경을 외워 버린 것이다. 아들 백남석은 훗날 연희전문학교 교수가 된다(이덕주, 『한국 교회 처음 이야기』, 홍성사, 197쪽).

1919년 삼일운동 후 감옥에 들어간 교인들도 성경을 암송했다. 길선주 목사는 잘 보이지 않는 상태(한 눈은 안 보였고, 다른 눈도 백내장 수술로 겨우 볼 수 있었다)임에도 요한계시록을 800독하며 암송했다. 이후 수많은 신자가 감옥에서 성경을 암송하며 민족을 위해, 민주를 위해, 교회를 위해 고난을 받았다. 내 삶의 자리에 함께한 말씀이라야 살아 있는 말씀이다. 어쩌면 구전시대에 살던 시절, 더 신앙이 좋았다. 성경책이 없고 읽을거리가 없고 보거나 들을 설교가 없는 상황에서, 내 마음에 남아 있는 오래된 말씀, 그것이 있는 자가 신자다. 그러므로 말씀을 마음에 담아야 한다. 말씀을 주워 먹어야 한다. 시냇가에 심은 나무처럼 말씀을 주야로 묵상해야 한다. 입 안에 말씀이 가득해야 세상을 뒤집을 수 있다.

다음의 글은 1907년 부흥운동 당시 인천에서 활동하던 존스 선교사가 쓴 선교 보고서의 한 대목이다.

> 한국교인은 성경을 외울 뿐 아니라 그대로 실천합니다. 어느 날 멀리 북쪽에서 한 평범한 교인이 우리 선교부를 찾아왔습니다. … 우리는 그에게 방문 목적을 물었습니다. 그는 대답하기를, "저는 성경말씀 중 몇 구절을 외우는데 그것을 보여 드리러 왔습니다" 하였습니다. 그는 1백 마일(3백리, 약 170km) 이상 떨어진 곳에 사는 농부였습니다. 그는 목사에게 외운 성경구절을 들려주려고 그 먼 거리를 나흘 동안 걸어서 온 것입니다. 그리고 목사 앞에서 마태복음의 산상설교 부분(마 5-7장)을 한 절도 틀리지 않고 외웠습니다. 목사는 그에게 성경을 단순히 외우는 것만으로는 부족하고 그것을 실천해야 한다고 말했습니다. 그러자 그는 얼굴빛이 밝아지면서 즉각 대답하기를 "제가 성경 공부하는 법이 바로 그렇습니다. 처음에 성경을 외우려고 애를 썼으나

잘할 수 없었습니다. 그래서 이 방법을 고안한 것입니다.
한 절을 외운 다음 이웃을 찾아가 그 말씀대로
그에게 실천했습니다. 그랬더니 외워지는 것입니다"
하였습니다. 한반도 산골 불신자 마음 한가운데서,
누구도 따라 할 수 없는 방법으로 이웃과 함께 자신의 삶에서
윤리적인 교훈을 깨달은 대로 하나씩 실천해 나가는
이 겸손한 교인이 있음을 상상해 보십시오.
한국 교회의 부흥은 당연한 것이 아니겠습니까?

(이덕주, 197-198쪽)

말씀 묵상은 경전을 먹는 전통에 따라, 성경을 송두리째 먹어 버리는 것이다. 구약의 예언자 가운데서도 하나님의 말씀을 먹으면서 삶과 사역의 에너지를 공급받은 이들이 있다. 유다 멸망을 몸으로 체험한 예레미야(렘 15:16)와 바빌로니아 포로지에서 활동한 에스겔이 그러하다(겔 3:1-3).

말씀 묵상: 성경 읽기에서 나 읽기로

한 해를 시작하면 많은 기독교인이 성경 일독 목표를 세운다. 그리고 평생 수십 번씩 성경을 읽는다. 그럼에도 말씀에 대한 목마름이 사라지지 않는 까닭은 무엇일까?

혹시 성경이 나를 읽지 못하기 때문은 아닐까? 성경을 읽었다고 해서 성경을 다 읽은 것은 아니다. 성경이 나를 읽어야 한다. 만일 성경이 나를 읽지 못한다면, 나는 그저 성경에 쓰인 글자를 읽은 것에 불과하다. 내가 성경을 쪼개는 것이 아니라 성경이 나를 쪼개야 한다(히 4:12).

진정한 성경 읽기의 의미를 잘 나타내 주는 유명한 일화가 있다. 한 랍비와 제자의 대화다. 랍비가 제자에게 묻는다. "그래, 그동안 너는 무엇을 배웠느냐?" 제자가 대답한다. "저는 탈무드를 세 번에 걸쳐 통과했습니다." 랍비가 다시 물었다. "그렇다면 탈무드도 너를 통과했느냐?" 랍비의 이 질문은 바로 우리에게 해당되는 문제가 아닐까? 내가 탈무드를 읽는 것보다 탈무드가 나를 읽는 게 중요하다. 즉, 내가 성경을 읽는 것보다 성경이 나를 관통하는 것이 더 중요하다.

말씀을 묵상하다 보면, 읽은 본문의 단어에 집중하게 되고, 본문을 통하여 나의 삶을 되돌아보게 되고, 나의 삶을 본문을 통해 해석하는 과정이 발생한다(강영안, 『읽는다는 것』, IVP, 155쪽). 말씀 묵상은 곧 자신 묵상이 된다. 성경을 통해서 결국 나를 읽는 것이다. 말씀을 읽을 때, 나의 숨겨진 내면이 드러나고, 숨은 나와 대면하고, 진정한 자아와 만나며, 필요하고 절실한 결핍을 채우게 된다. 성경 읽기는 알고 보면 나 읽기다.

말씀 묵상: 천천히 음독

말씀 묵상은 천천히 읽기다. "글을 쓰는 사람은 누구나 읽는 이들이 자신의 책을 '슬로 리딩'(slow reading)할 것이라는 전제하에 글을 쓴다"고 한다. 성경의 참 저자인 하나님의 속마음도 이와 같을 것이다. 성경의 기록자와 필사자의 바람도 이와 같지 않을까. 양피지와 두루마리에 한 자 한 자 정성을 다해 써 내려가던 그 속도를 따라 읽는 것이야말로 성경을 성경으로 대하는 올바른 방법이다. 말씀 묵상은 '천천히 더 천천히, 아주 천천히, 천천히 주의 깊게 읽기'다(김기현, 『모든 사람을 위한 성경 묵상법』, 성서유니온, 37-38쪽).

어느 구약학자는 이런 멋진 말을 남겼다.

> 성경을 통해 하나님과 관계를 맺는 비법이 있다면,
> 그것은 아마도 책장을 천천히 넘기는 일일 것이다.
>
> (엘렌 데이비스, 『하나님의 진심』, 복 있는 사람, 17쪽)

또한 말씀 묵상은 원래 소리를 내어 읽어야 한다.

> 오직 여호와의 율법을 즐거워하여
> 그의 율법을 주야로 묵상하는도다. (시 1:2)

여기서 묵상이라는 히브리어는 '하가'다. '하가'는 '소리 내서 읽다', '읊조리다', '계속해서 읽다', '연구하다', '공부하다' 의 의미다. 따라서 늘 그럴 수는 없지만 남에게 폐를 끼치지 않는 공간이라면, 성경은 소리 내어 낭독하는 것이 원칙이다. 원래 경(經)은 소리 내어 독경(讀經)하다가, 나중에는 몸을 흔들며 암송하는 것이 원칙이다. 소리 없이 묵독(默讀)만 하는 경(經)은 경(經)이 아니다. 과거 우리 조상들도 소리 내어 독서를 했다. 서당에서 천자문과 사서삼경을 배울 때, 몸을 흔들며 소리 내어 글을 읽었다. 서구 사회에서도 소리 내지 않고 묵독하는 것이 보편화된 시기는 기원후 10세기 전후로 추정된다고 한다. 그전까지는 일반적으로 소리 내어 책을 읽었다. 음독이 원래의 독서 방법이었다. 종교개혁자 마르틴 루터도 장성한 어른이고 성경 박사이고 교수인데도, 성경을 읽을 때는 또박또박 소리 내어 읽었다고 한다.

말씀 묵상: 몸과 마음에 새김

강영안 교수의 본문 읽기에 관한 주장은 눈여겨볼 만하다.

> 여기서 우리는 삼중 읽기 방식을 볼 수 있습니다. 처음에는 크게 소리 내어 읽고, 다음에는 눈으로 읽고, 마지막에는

마음으로 읽는 방법입니다. 소리 내어 크게 읽는 방식은 고대 이스라엘 전통에서부터 중세 수도원 전통을 이어 계속 내려온 매우 오래된 전통입니다. 우리가 몸담고 있는 동아시아 전통도 마찬가지입니다. 고중세 전통의 읽기 방식은 거의 언제나 '소리 내어 들으면서 읽기'였습니다. 소리 내어 읽으면서 듣고, 들은 것을 다시 몸과 마음에 담는 읽기 방식입니다. (강영안, 154-155쪽)

사람의 몸에는 아홉 개의 구멍이 있다. 눈, 귀, 입, 코에 있는 일곱 개의 '양의 구멍'과, 항문과 요도의 '음의 구멍' 두 개를 합쳐 모두 아홉 구멍이다. 눈으로만 책을 읽으면, 눈구멍 2개만 작동한다. 그러나 책을 소리 내어 읽으면 눈, 입, 귀, 코의 7개 구멍이 동시에 작동하면서, 뇌와 온몸에 파동을 전달하며 입력된다. 말씀은 눈으로만 읽는 게 아니다. 입으로 읽고, 귀로 듣고, 몸으로 흔들어 채우는 것이다. 그래서 말씀은 '노트'에 기록하는 것이 아니라, 내 영혼의 '심비'(心碑)에 새기는 것이다.

말씀 묵상은 본문을 읽고 무언가를 끄집어내는 것이 아니라 본문이 말하는 바를 가만히 듣는 것이다. 잘 듣기 위해 소리 내어 천천히 되풀이해 읽는 것이다. 천천히 음독하면서 되새기고, 그 말씀을 자신의 몸과 마음에 새기는 것이다. 말씀 묵상은 온몸으로 하는 것이다. 말씀 묵상은 '새김'이다.

조병수

묵상은 천상 회의다

총신대학교와 합동신학대학원대학교를 졸업하고 독일 뮌스터대학교에서 박사 학위를 받았다. 합동신학대학원대학교에서 신약학 교수와 총장을 역임했고, 지금은 명예교수로 있다. 프랑스위그노연구소 대표로 일하고 있다.

나의 디귿자 책상

나의 서재에는 디귿자 책상이 놓여 있다. 오른쪽 날개 상판에는 시원한 크기의 모니터와 숫자 키패드 부분이 없는 작은 키보드가 자리를 잡았고, 왼쪽 날개 상판에는 온갖 책과 문서가 제멋대로 수북이 쌓여 있다. 디귿자의 널찍한 중앙 상판은 창문을 마주하고 있어 맑은 날에는 어김없이 눈부신 햇살이 깃털처럼 소복이 쌓인다. 비 내리는 날에는 청량한 음표가 방울져 떨어지고, 눈 내리는 날에는 하늘 비늘이 어지럽게 춤추는 것을 볼 수 있다. 나는 이 구조의 서재를 좋아한다. 언제부터인지 정확하게 기억나지 않지만, 오래전부터 이 구조를 좋아해서 몇 번 이사를 했어도 늘 똑같은 서재를 꾸미고 있다.

내 디귿자 책상의 좌우에는 천장까지 닿는 키 높은 책꽂이가 우뚝 서 있고 가운데에는 창문을 가리지 않도록 한 단짜리 책꽂이가 얌전히 앉아 있다. 책꽂이에는 손을 뻗으면 닿을 수 있는 거리에 성경을 연구하는 데 필수적인 도구들이 늘어서 있다. 제일 가까이에 있는 것은 히브리어 성경과 헬라어 성경, 히브리어 사전과 헬라어 사전, 히브리어 성구사전과 헬라어 성구사전이다. 그리고 다양한 외국어 번역 성경들과 여러 종류의 우리말 번역 성경들이 어깨를 나란히 한다. 영어, 독일어, 불어 같은 현대어 사전도 빠지지 않고 제몫을 맡는다. 책상 위에는 연필, 지우개, 중성펜, 색연필, 형광펜, 15센티미터 자, 크고 작은 메모지, 인덱스 플래그, 갈피표 등 일일이 열거할 수 없는 별의별 문구들이 가세하여 나름대로 진형을 짜고 있다.

언뜻 보면 내 책상은 마치 잡동사니를 파는 가판대와 다를 바 없지만 사실상 성경을 공부하는 데 꼭 필요한 차림새를 갖추고 있는 셈이다. 내가 디귿자 서재를 고집하고 다양한 도구를 필수적으로 구비하는 이유는 성경 연구에 온 정성을 쏟아야 한다는 마음의 문제만이 아니다. 그보다 성경 연구에서 차림새를 매우 중요하게 생각하기 때문이다. 나는 성경 연구가 하나님의 천상 회의에 참석하는 것이라고 믿는다. '지극히 거룩하신 하나님이 높이 들린 보좌에 앉아 주재하시는 천상 회의'(사 6:1-4)에 들어가려면 예복과 의장을 제대로 갖추는 것이 당연하다. 복음서에 나오는 것처럼, 성경 연구의 도구들은 혼인 잔치에 참여하는 손님들이 입어야 하는 예복과도 같은 것이다(마 22:11-12).

천상 회의 예복

예복을 입지 않으면 천상 회의에 참석하는 것 자체는 물론이고 하나님을 알현하는 것도 어림없다. 하늘의 어전에 대제사장 여호수아가 더러운 옷을 입고 섰을 때, 하나님은 그 앞에 도열한 천사들에게 여호수아의 더러운 옷을 벗기라고 명령하신 다음, 여호수아의 머리에 정결한 관을 씌우고 아름다운 옷을 입히게 하신다(슥 3:1-5). 예복 없이 하나님의 존전에 설 수 없기 때문이다. 아버지에게 받은 재산을 다 모아 가지고 먼 나라에 가서 허랑방탕하다가 재산을 모조리 말아먹고는 거지꼴로 돌아온 탕자가 하늘과 아버지께 죄를 지었다고 고백했을 때, 아버지는 가장 먼저 제일 좋은 옷을 내어다가 입히고 손에 가락지를 끼우고 발에 신을 신겼다(눅 15:22). 차림새가 번듯하지 않으면 아버지에게 아들의 관계가 용납될 수 없을 뿐 아니라 아버지의 아들로 살 수 없기 때문이다. 아버지는 거지꼴을 한 아들의 모습을 보고 마음이 불편해서 차마 견딜 수가 없다.

성경 묵상은 그야말로 단순한 '묵상'이 아니다. 말없이 머리를 굴리는 것이 아니다. 성경을 펴 놓고 묵묵히 생각을 하면서 단어와 문장을 뚫어지게 들여다본다고 해서 성경이 이해되는 것은 아니다. 손가락 하나 까딱하지 않고 마음속으로만 생각하다 보면 아무런 근거 없는 망상에 빠지기 쉽다. 이런 묵상은 터를 닦지 않고 집을 세우는 것처럼 부실하기 짝이 없다. 더욱이 이런 방식으로 성경을 알아보려 하다가는 본문을 오해하기 십상이다. 그리고 마침내 성경 묵상이라는 허울 좋은 명목 아래 도리어 성경을 잘못 이해하는 오류를 낳을 뿐이다. 예부터 지금까지 역사상에 수많은 사람들이 말 그대로 '묵상'을 한다면서 이런 식으로 성경을 곡해하는 잘못을 저질렀다.

개역한글 성경을 사용할 당시, 외국 비자가 나오기를 간절히 기다리던 어떤 분이 예수님의 수난 단락을 읽다가 바깥뜰에 앉은 베드로에게 "비자가 나아와"(마 26:69)라는 구절을 대하고는 이제 곧 비자가 발행될 것을 확신했다는 우스운 일화가 있다. 이런 이야기는 또 어떤가? 어떤 목회자가 사고로 자식을 먼저 여읜 교우에게 자식을 기념하는 일을 하나 만들자는 취지의 설교를 하기 위해 데라의 가정을 예로 들었다(창 11:27-32). 아버지 데라가 먼저 죽은 아들 '하란'(창 11:27-28)을 기념하기 위해 가나안으로 가는 길에서 머문 도시에 '하란'(창 11:31-32)이라는 이름을 붙였다고 설교했다. 원어 성경은 고사하고 영어 성경이라도 한 번 들춰 보았더라면, 한글로는 똑같이 표기되었지만 사실은 다른 문자로 되어 있다는 것을 알았을 것이고 절대로 이런 실수를 하지 않았을 것이다.

마치 왕 앞에 나아가는 사람이 예복을 차려야 하듯이, 성경의 세계에 들어가는 사람도 예복을 차려야 한다. 성경에는 왕 앞에 나아가는 사람이 예복을 갖추었다는 이야기가 자주 나온다. 옥살이를 하던 요셉은 꿈을 해석해 주기 위해 바로 앞으로 불려갈 때 수염을 깎고 옷을 갈아입었다[창 41:14; 참조. 삼하 19:24(므비보셋); 단 3:21]. 아하수에

로왕에게 나아가는 처녀들은 온갖 향품과 물품으로 치장을 했고(에 2:12-13), 왕의 어전에 나아가는 에스더도 왕후의 예복을 차려입었다(에 5:1). 땅의 왕 앞에 나아갈 때도 예복을 갖추었다면, 하나님의 하늘 보좌 앞으로 나아가는 우리가 예복을 차려야 하는 것은 당연하다. 비록 척박한 광야에 체류하는 동안이지만 하나님 앞에서 섬겨야 할 제사장에게 속옷, 겉옷, 에봇, 흉패, 관으로 구성된 찬란한 의복을 만들어 입힐 것을 자세하게 일러 준 것도 이 때문이다(출 28장). 묵상은 하나님의 어전에 나아가는 일이므로 예복을 차려입는 것만큼의 노력과 수고가 필요하다.

이런 의미에서 나는 오래전부터 성경을 꼼꼼히 읽어야 한다는 주장을 펴 왔다. 성경을 꼼꼼히 읽으려면 먼저 준비물이 필요하다. 반드시 펜, 자, 인덱스 플래그, 메모지, 노트 같은 문구를 준비해야 한다. 성경을 읽을 때는 눈으로만 아니라 큰 소리로 낭독해야 한다. 이런 방식을 두세 번 반복하는 것이 좋다. 성경을 꼼꼼히 읽으려면 반드시 표기를 해야 한다. 사선(/)을 사용해서 문단을 나누고, 중요하다고 여기는 단어에는 동그라미, 네모, 세모를 표기하거나, 밑줄을 긋고 색칠을 하는 것도 필요하다. 문학적 관찰도 필수다. 문맥의 흐름, 문장의 구조, 문법적 요소에도 관심을 기울여야 한다. 또한 반복어와 반대어가 사용되는 문학적 구조를 놓치면 안 된다. 의문 나는 단어의 의미는 여러 본문을 비교하여 정확하게 파악해야 한다. 건전한 참고 서적이 곁에 있으면 금상첨화다. 마지막으로 성경을 꼼꼼히 읽은 후에는 일상, 신앙, 신학에 적용할 내용을 쓴다. 나는 이런 작업을 매일같이 하는 것을 '말씀일기 쓰기'라 부른다.

'말씀일기'를 쓰는 데 성경읽기표를 따라가면 편하다. 나는 어릴 때부터 맥체인 성경통독표를 사용했는데, 몇 달 동안 모세오경을 계속 읽고 사복음서를 이어 읽는 것에 지루함을 느낀 후에는 문제 해결의 방법을 찾아 나섰다. 가장 좋은 단서는 사복음서다. 1년을 사분기로 나누어 사복음서를 각 분기에 배치하면 좋겠다는 생각이 들었다. 그러고 보니 창세기 이후 네 권의 책도 모두 출애굽 이후 이스라엘의 광야 생활을 다루고 있으므로 각 분기에 배치하는 것이 가능했다. 구약의 예언서들과 시가서들이나 신약의 서신서들은 시간적으로 배열되어 있지 않기 때문에 분기별로 배치해도 문제가 없었다. 창세기는 창조, 아브라함과 이삭, 야곱, 요셉으로 사분할하고 사도행전은 예루살렘 교회, 팔레스타인 교회, 바울의 전도 여행, 바울의 로마 여행으로 나누며, 요한계시록은 일곱 교회, 일곱 인, 일곱 나팔, 일곱 대접으로 나눈다. 이런 전제 아래 구약성경과 신약성경을 사분기로 읽을 수 있도록 도표로 나누었더니 3개월마다 성경을 한 번씩 읽는 것 같은 느낌을 받았다. 그래서 나는 성경을 1년에 1번 통독하지만 4번 읽는 효과를 낸다는 뜻으로 '성경통독 114' 라는 이름을 붙였다(이후에 eBook으로 출간되기도 했다).

천상 회의 입장

예복을 갖추고 성경을 펼치는 순간, 우리는 하나님이 베푸신 천상 회의에 들어서는 것이다. 하나님의 어전에 참석한 사람이 여럿 있다. 대충 손꼽아 헤아려 보면, 야곱, 에스겔, 스데반, 바울 같은 사람들이다. 그런데 어떤 이들은 하나님을 배알하면서 말씀을 듣는 영광을 얻었다. 대표적인 사람이 예언자 미가야다. 유다의 여호사밧왕과 이스라엘의 아합왕이 동맹을 맺고 아람과 전쟁을 할 때, 시드기야를 수장으로 하는 예언자 사백 명이 일제히 승리를 장담했지만 유일하게 미가야는 참패를 예언하는 쓴소리를 했다. 미가야는 여호와께서 보좌에 앉으시고 하늘 만군이 좌우편에 모시고 서 있는 하늘 회의에 참석하여 하나님의 말씀을 들었기 때문이다(왕상 22:19). 마찬가지로 사도 요한은 지중해에 권지처럼 떠 있는 밧모섬에 갇힌 영어(囹圄)의 상태에서도 보좌 위에 하나님이 앉아 계시는 광활한 천상 세계에 들어가 하나님의 계시를 들었다. 교회와 성도가 영적으로는 사탄과 그 졸개들의 공격을 받고 정치적으로는 로마 제국을 비롯한 다양한 세력들에게 박해를 당해도 하늘 보좌의 계시가 있기 때문에 승리를 보장받았던 것이다.

성경을 펼칠 때 하늘이 열린다. 성경을 펼치는 사람은 하나님의 세계에 들어서며 하나님의 보좌 앞에 선다. 초월, 절대, 영원, 무한, 영, 무변, 이런 단어로만 설명할 수 있는 세계에 진입한다. 그 앞에서 모든 것이 정지한다. 하늘도 고요하다(계 8:1). 공간이 해체되고 시간이 용해된다. 그 앞에서 온 땅은 잠잠할 수밖에 없다(합 2:20). 인간의 생각도 말도 행동도 모두 정지한다. 그래서 욥은 폭풍우 가운데 말씀하시는 하나님 앞에서 "보소서 나는 비천하오니 무엇이라 주께 대답하리이까 손으로 내 입을 가릴 뿐이로소이다"(욥 40:4), "그러므로 내가 스스로 거두어들이고 티끌과 재 가운데서 회개하나이다"(욥 42:6)라고 고백했다.

예복을 입고 성경을 통해 하나님의 존전에 서면 드디어 하나님이 우리에게 말씀을 시작하신다. 우리는 하나님의 음성을 듣는다. 하나님의 말씀이 들려온다. 묵상은 하나님 앞에 서는 시간이며 하나님의 말씀을 듣는 시간이다. 묵상은 내가 하나님께 말하는 것이 아니고 하나님이 나에게 말씀하는 것이다. 천상 회의에 참석해서 내 의견을 개진하는 것이 아니라, 하나님의 생각을 청취하는 것이다. 성경을 읽으면서 나의 견해를 주장하고 강변해서 관철하는 것이 아니라 하나님의 생각을 잠잠히 경청하는 것이다. 다만 가끔 하나님이 우리에게 질문을 던지실 때만 대답할 수 있다. 마치 하나님이 에덴에서 아담에게 "네가 어디 있느냐"(창 3:9)고 물으시고, 엘리야에게 "네가 어찌하여 여기 있느냐"(왕상 19:13)고 물으셨을 때처럼 말이다. 예수님이 베드로에게 "네 생각은 어떠하냐"(마 17:25)고 물으시고, 부활 후에 "네가 나를 사랑하느냐"(요 21:15-17)고 물으셨을 때처럼 말이다.

천상 회의 은총

묵상은 하나님의 존전에서 내 견해를 말하는 것이 아니라 하나님의 견해를 듣는 것이다. 그래서 묵상은 내가 하나님의 말씀 속으로 들어가는 것이 아니라 하나님의 말씀이 내 속으로 들어오는 것이다. 하나님의 말씀은 내 속으로 들어오는 순간부터 나를 여지없이 비판한다. 말씀은 사람을 찌른다. 물론 말씀에 찔림을 받은 사람의 반응은 항상 동일하지 않다. 오순절에 사도 베드로가 사도들과 함께 소리 높여 선포한 말씀을 들은 사람들은 마음에 찔려 "우리가 어찌할꼬" 외치며 회개의 태도를 보였다(행 2:37). 그러나 이와 반대로 공회에서 스데반이 전한 말씀을 들은 사람들은 마음에 찔림을 받았지만 귀를 막고 스데반을 돌로 쳤다(행 7:54). 어쨌든지 하나님의 말씀은 사람을 찌른다. 다시 말하면 말씀이 사람을 분석한다. 마치 컴퓨터단층촬영기(CT)가 신체 내부구조를 횡단면으로 잘게 쪼개어 층층이 촬영하여 분석하듯이, 하나님의 말씀이 예리한 바늘처럼 영혼 속으로 파고들어 나를 조각내며 어디에 나의 문제가 숨어 있는지 발견해 낸다. "그는 진노하사 나를 찢고 적대시하시며 나를 향하여 이를 갈고 원수가 되어 날카로운 눈초리로(개역한글, '뾰족한 눈으로') 나를 보"신다(욥 16:9). 그래서 아담과 하와의 부끄러움이 드러나듯이 하나님의 말씀 앞에서 내가 낱낱이 드러난다. 소리의 크기는 상관없다. 하나님의 소리는 세미할지라도, 그 앞에서는 예언자라도 겉옷으로 얼굴을 가리지 않을 수 없다(왕상 19:12-13). 하나님을 모시는 스랍들이 얼굴과 발을 가릴 정도라면(사 6:2), 사람이 하나님의 존전에서 얼굴을 감싸는 것은 두말할 나위가 없다.

묵상은 하나님의 말씀을 통해 나의 진면목을 보는 것이다. 묵상을 통해 하나님의 천상 회의에 들어서면, 하나님 앞에서 나의 잘난 것은 고스란히 사라지고 누추하고 부끄럽고 수치스러운 것만 드러난다. 성경 묵상을 통해 내가 거룩해지는 것이 아니라 도리어 내가 더러운 존재라는 것만 발견된다. 그래서 성경을 연구하는 것은 고통이고 아픔이며 두려움이다. 초보자였을 때는 성경을 읽으면서 기대감과 설렘으로 가득했고 하나님을 알아 가는 기쁨이 가득했다. 그러나 시간이 갈수록 정반대 현상이 나타난다. 지금은 성경을 묵상하면 따갑고 아프고 고통스럽다. "여호와의 말씀이니라 내 말이 불 같지 아니하냐 바위를 쳐서 부스러뜨리는 방망이 같지 아니하냐"(렘 23:29). 그러나 하나님의 천상 회의에 참석하는 게 고통스럽다고 하나님의 생각을 내 쪽으로 유리하게 끌어들이면 안 된다. 성경을 내게 유리하게 해석하는 것은 하나님의 생각을 나에게 맞추는 불경함이다.

오늘날 풍미하는 현대의 해석학은 객체보다 주체를, 객관보다 주관을 중시한다. 해석이란 해석되는 객체의 말이 아니라 해석하는 주체의 말이라는 것이다. 그래서 오늘날 해석이란 것은 주체가 객체에 대하여 말을 걸어 자신의 견해를 표현하는 것이지, 객체가 주체에 대하여 말을 걸어 그의 생각을 발표하는 것이 아니다. 따라서 해석에서 객체의 의견이라는 것은 희석되고 단지 주체의 견해가 중요하다. 예를 들어 그림을 구경한다고 할 때 화가의 표현보다 관객의 감상이 중요하다는 말이다. 화가가 담아 내려는 것은 둘째고, 관객이 느끼는 것이 첫째다. 그래서 현대 해석학을 따르면 그림이 나에게 말하는 것보다 내가 그림에게 말하는 것이 중시된다.

이런 현대적 해석 방식이 우리에게 스며들어 성경을 읽을 때도 작용한다. 우리는 무의식적으로 현대의 시각으로 성경을 재해석한다. 우리는 기록된 지 2천 년이 넘은 성경이라는 고대의 문서를 문명이 눈부시게 꽃핀 현대의 사고방식으로 접근하는 것을 당연하게 생각한다. 이때 우리는 자신도 모르게 성경이 우리에게 말하는 것보다 우리가 성경을 이해하는 것에 중점을 둔다. 현대의 사고방식으로 고대의 사고방식을 해석하는 것이다. 하나님의 말씀이 본래 의도하는 것은 제쳐두고 내가 읽고 싶은 대로 성경을 읽는다. 이러다 보니 억지 해석이 나오게 되고 귀에 걸면 귀고리, 코에 걸면 코걸이 식의 해석이 된다.

성경 묵상은 하나님의 생각에 나를 맞추는 것이며 하나님의 생각으로 내 생각을 교정하는 것이다. 그러므로 성경을 나에게 불리하게 읽어야 한다. 성경 묵상으로 은혜를 받으려고만 할 게 아니라 교정을 받으려 해야 한다. 말씀으로 은혜를 받으려 하면 나를 감싸고돌게 된다. 지금 이처럼 불량한 형편은 나로서는 어쩔 수 없는 상황이라고 변명한다. 하나님의 말씀 앞에서 자신을 포장한다. 자신을 겹겹이 싸서 숨긴다. 아담처럼 나무 사이에 숨고(창 3:8) 요나처럼 배 밑층으로 피한다(욘 1:5). 그러나 말씀으로 교정을 받으려면 나를 들추어내게 된다. 이렇게 불량한 처지는 내가 연약해서 벌어진 일이라고 고백한다. 하나님의 말씀 앞에 자신을 까발린다. 나를 숨기기 위해 겹겹이 싸고 있던 껍질을 벗는다. 베드로처럼 죄인임을 고백하고(눅 5:8) 바울처럼 죄인 중의 괴수임을 자백한다(딤전 1:15). 바로 이때 내가 억지로 만들어 낸 뿌연 회색의 은혜가 아니라 하나님의 보좌로부터 맑고 푸르른 은혜가 흘러내린다(사 6:6, 7; 계 1:17-20). 이것이 진정한 은총이다.

주의 말씀을 열면

나는 오늘도 디귿자 책상에 앉아 성경을 편다. 성경을 펴는 순간 하나님의 천상 회의가 펼쳐진다. 나는 예복을 차려입고 천상 회의에 참석한다. 나 자신이 스스로 수고롭게 예복을 차려입기는 했지만, 막상 엄위와 영광으로 가득한 하나님의 존전에 서면 내 생각은 온데간데없이 사라진다. 영적 세계와 물질 세계의 왕이신 하나님이 말씀하시기 때문이다. 그리고 나는 순순히 하나님의 말씀을 받아들인다. 그때 하나님의 말씀이 내 속으로 깊숙이 파고들어 나를 철저하게 교정한다. 하나님의 말씀 앞에서 통회자복밖에는 할 것이 없다. 다만 한마디를 하는 것이 허락된다면 이 말을 할 수 있을 뿐이다. "주의 말씀을 열면 빛이 비치어 우둔한 사람들을 깨닫게 하나이다"(시 119:130).

송인규

묵상은 공감이다

건국대학교에서 축산학을, 총신대학교와 미국 캘빈신학교에서 신학을, 시러큐스대학교에서 철학을 공부했다. 한국 IVF 총무였고 합동신학대학원대학교 조직신학 교수이자 새시대교회 설교자로 사역했다. 현재 한국교회탐구센터 소장이다.

공감의 중요성

'공감'(共感)은 고려대 한국어 사전에 "남의 주장이나 감정, 생각 따위에 찬성하여 자기도 그렇다고 느낌, 또는 그러한 마음"으로 풀이되어 있다. '공감'보다 뜻이 좀 더 강한 단어로 '감정 이입'(感情移入, empathy)이 있는데, 이는 자신을 어떤 점에서 상대방과 동일시하는 심리 활동이다. 필자가 이 글에서 '공감'이라 할 때는 다음 세 가지 사항을 포함하는 것으로 하겠다.

어떤 인물의 신념(belief)이나 인지하는 바를 수긍함

어떤 인물의 감정 상태를 함께 느낌

어떤 인물이 처한 상황에 가상적으로 들어감

만일 내가 친척 가운데 한 명으로부터 췌장암 3기 진단 소식을 들었다고 하자. 내가 그 친척을 공감한다는 것은, 우선 가장 기본적인 사항으로 '그가 의료적 소견에 의해 자신의 상태가 어떤지를 알겠구나' 하고 생각하는 것이다. 물론 그를 공감한다는 것은 금세 그의 감정 상태를 파고드는 것과 연관이 된다. 그가 느낀 까마득한 절망, 죽음의 가능성으로 말미암은 두려움과 공포심, 인생무상의 공허함과 덧없음을 바로 나의 것인 양 느끼는 것이다. 동시에 나 자신이 그가 처한 난감한 상황—넉넉하

지 않은 재정 상태, 어린 자녀들의 캄캄한 장래, 배우자의 허겁지겁하는 반응 등—에 진입하는 것이다.

공감을 이처럼 이해하는 것이 합당하다고 여기는 이유는 두 가지 맞물린 생각 때문이다. 첫째, 성경 해석의 관점에서 볼 때 개념의 일치가 목도되기 때문이다. '해석'은 보통 성경 본문에 기록된 사실이나 관념의 의미가 무엇인지 규명하는 작업으로 알려져 있다. 이때 중요한 것은 그 사실이나 관념을 오늘날 우리의 처지가 아닌, 성경 본문에 처음 접근하던 당시 사람들의 처지에서 살피는 일이다. 그래서 어떤 이는 비유적으로 말하기를, 올바른 성경 해석에는 시간 여행이 요구된다고 했다. 즉 성경이 처음 기록된 당시 형편으로 거슬러 올라가 그 시대, 그 문화, 그 사람들의 신념과 세계관 속으로 잠입해야 한다는 것이다. 공감은 이러한 시간 여행의 목표를 밝히는 개념이라고 할 수 있다.

둘째, 묵상의 행위가 공감에 의해 구체화되고 민감해지기 때문이다. 묵상은 정신적 반추 작용으로, 성경의 진리를 찾아내기 위해 흡사 꿀벌이 꽃에서 꿀을 빨 듯, 개가 뼈다귀에 매달리듯 전력투구하는 인식적·의욕적 탐색 과정이다. 공감은 묵상하는 이가 그 탐색의 노력을 어떤 방면으로 기울여야 할지 가리키는 표지판 노릇을 한다. 성경에 나오는 인물이 믿거나 인지하는 바가 무엇이었는지, 그가 그 당시/순간 어떤 정서나 감정 상태에 있었는지, 그가 처한 사태와 상황이 어떠했는지 골똘히 궁구하다 보면, 우리의 묵상은 깊이가 더해지고 진리에 훨씬 더 근접하기 마련이다.

몇 가지 공감의 예

(1) 필자가 성경 인물에 대해 공감을 품어 본 첫 예는 앗수르 왕에게 포로로 끌려간 이스라엘 백성이었다.

> 호세아 제구년에 앗수르 왕이 사마리아를 점령하고 이스라엘 사람을 사로잡아 앗수르로 끌어다가 고산 강가에 있는 할라와 하볼과 메대 사람의 여러 고을에 두었더라. (왕하 17:6)

그 당시 나는 열왕기하로 큐티를 하던 중이었는데, 1979년 12월 28일의 본문은 17:1-6이었다. 6절을 읽으면서 나는 갑자기 내가 앗수르로 끌려가던 이스라엘 백성 가운데 하나처럼 느껴졌다. 회한과 절망, 두려움과 불안이 범벅된 그들을 나도 모르게 뒤쫓고 있었던 것이다. 그러고는 그 심정을 시로 읊조렸다.

오열

이스라엘 백성이
앗수르 군대에게 잡혀가던 날
나는 울었다

만신창이가 된 육신들
울음도 말라 버리고
통곡조차 잦아든
이 기막힌 패러독스들이여

여호와가 어디 있느냐
네 하나님이 어디 있느냐

두고 온 젖과 꿀이 흐르는 땅
찬양 소리 드높던 날들은 갔다

가도 가도 회색 하늘
낯선 고을
여호와가 어디 있느냐
네 하나님이 어디 있느냐

앗수르 군대의 말발굽에 채여

개처럼 끌려가던 그 날
나는 따라가며 펑펑 울었다

여호와가 어디 있느냐
네 하나님이 어디 있느냐

비록 그 당시 공감의 개념이 제대로 형성되지 않았고 또 공감을 묵상과 연계해서 생각하지도 않았지만, 필자는 이미 성경의 인물/사태에 대해 공감을 시도한 것이었다.

(2) 또 한 번은 사도행전 본문을 읽으며 바울이 겪은 고난의 상황을 묵상하다가 그의 심정에 깊은 공감을 갖게 되었다.

> 유대인들이 안디옥과 이고니온에서 와서 무리를 충동하니 그들이 돌로 바울을 쳐서 죽은 줄로 알고 시외로 끌어 내치니라. 제자들이 둘러섰을 때에 바울이 일어나 그 성에 들어갔다가 이튿날 바나바와 함께 더베로 가서 복음을 그 성에서 전하여 많은 사람을 제자로 삼고 루스드라와 이고니온과 안디옥으로 돌아가서 제자들의 마음을 굳게 하여 "이 믿음에 머물러 있으라" 권하고 또 "우리가 하나님의 나라에 들어가려면 많은 환난을 겪어야 할 것이라" 하고.
>
> (행 14:19-22)

바울이 루스드라에서 하반신이 불편한 장애인을 치유하고 전도했을 때(행 14:8-18), 안디옥과 이고니온에서부터 쫓아온 유대인들은 무리를 충동하여 바울을 돌로 쳤고 죽었는가 싶어 성밖에 내쳤다(19절). 그러나 바울은 기적적으로 회복되었고, 바로 그다음 날 더베로 가서 복음 사역을 계속했다(20-21a절). 놀라운 것은 그가 다시금 적대자 투성이인 루스드라·이고니온·안디옥으로 되돌아가서, 오히려 제자들을 권면하는 가운데 하나님 나라에 들어가기까지 많은 환난을 겪어야 할 것이라고 마음을 준비시켰다는 사실이다(21b-22절).

그 당시 필자는 선교 단체의 간사로 근무하면서 박봉과 불투명한 미래 때문에 고민하고 있었다. 시간이 흐르면 흐를수록 빨리 사임을 하고 유학 준비를 하는 것이 마땅히 택할 길인 것처럼 여겨졌다. 그때 일신상의 고난에 크게 연연하지 않고 하나님 나라를 설파하던 바울 사도가 흡사 돌에 맞은 상처 자국을 내게 보이면서 “야, 이 기독교 사치꾼아! 작은 고난에도 움찔거리고 편의한 것만을 찾는 네가 과연 참된 그리스도인이냐? 도대체 네가 예수 그리스도를 위해 고난받은 것이 무엇이냐?” 하고 책망하는 것만 같았다. 나는 즉시 회개했고, 확실한 하나님의 인도가 있기까지는 사역에 전념하기로 결심했다. 바울의 처지와 상황에 공감하는 일이 없었더라면, 나의 고난 기피 성향은 영적 성장에 크나큰 장애물로 작용했을 것이다.

(3) 공감은 편지의 수신자에 대해서도 시도할 수 있고, 또 그런 시도가 의미심장함을 발견했다. 그것은 빌립보서를 공부하면서 생긴 일이었다.

> 내가 너희를 생각할 때마다 나의 하나님께 감사하며 간구할 때마다 너희 무리를 위하여 기쁨으로 항상 간구함은 너희가 첫날부터 이제까지 복음을 위한 일에 참여하고 있기 때문이라.
>
> (빌 1:3-5)

바울은 빌립보서를 쓰면서 그 수신 대상인 빌립보 교우들을 생각했고, 복음 사역에 있어서 그들의 참여가 고마워 하나님께 감사를 표명했다. 빌립보 교우들의 복음 참여는 물질적 지원(빌 4:15-16)뿐 아니라 바울에 대한 개인적 관심(빌 4:10)도 포함한다. 바울은 이들의 관심과 헌신을 생각할 때 마음이 기뻤고(빌 1:4; 4:10) 감사했다(빌 1:3).

그런데 상기 구절에서 필자의 눈길을 끈 것은 5절의 '첫날부터'였다. 이것은 빌립보 교회가 처음 시작될 때 관여했던 이들의 활동을 염두에 두고 하는 말이다. 그렇다면 여기에는 분명코 바울이 루디아와 간수를 처음 만났을 때 벌어진 사건들이 포함된다. 바울은 빌립보에 당도하고서 며칠 후 안식일에 찾은 기도처에서 루디아를 만났는데, 루디아는 회심하자마자 온 집안이 다 세례를 받게 했고(행 16:12-15), 자신의 집을 바울 일행에게 제공하여 중심 거점이 되도록 했다(행 16:15, 40).

빌립보 간수가 겪은 사건은 훨씬 극적이고 심원했다. 한밤중에 갑작스레 발생한 지진 사태로 인해 구원받은 일(행 16:26-32)도 그러했지만, "그 밤 그 시각에 간수가 그들을 데려다가 그 맞은 자리를 씻어 주고"(행 16:33) 이어 가족 전체가 다 세례를 받고 음식을 대접한 일(행 16:33-34) 또한 유례없이 특이한 현상이었다.

그런데 바로 이들(과 그 식구들)이 바울의 편지를 받았던 것이다! (빌립보 교회의 시작으로부터 빌립보서 작성까지 불과 10년밖에 지나지 않았음을 감안할 때, 루디아와 간수가 바울이 보낸 편지를 읽었을 확률은 충분히 높다.) 루디아와 간수는 바울이 '첫날부터'라고 언급한 표현을 접했을 때, 과거의 추억을 떠올리며 감격과 기쁨에 휩싸였을 것이다. 이처럼 필자가 루디아와 간수의 놀랍고도 생생한 감정 상태를 묘사할 수 있는 까닭은, 그들의 심령에 대한 공감 작용 때문이다. 공감은 이와 같이 편지의 수신자들에 대해서도 유효하게 시도될 수 있다.

우리에게 꼭 필요한 공감

그러나 공감과 관련하여 가장 심각한 도전을 받은 것은 어느 날 복음서의 한 구절을 만나면서였다.

예수께서 모든 도시와 마을에 두루 다니사
그들의 회당에서 가르치시며 천국 복음을 전파하시며
모든 병과 모든 약한 것을 고치시니라.
무리를 보시고 불쌍히 여기시니 이는
그들이 목자 없는 양과 같이 고생하며 기진함이라.
(마 9:35-36)

사실 상기 구절은 필자가 그전부터 익히 잘 알고 있던 터라 그날도 별생각 없이 본문을 대했다. 그러다가 두 가지 새로운 사항에 눈이 뜨이게 되었다. 첫째, "불쌍히 여기다"(36절)라는 동사의 의미였다. 이 구절의 뜻을 자세히 살피다 보니 등장하는 단어의 어의를 밝혀야 했다. [사실 과거 개역 성경에는 "민망(憫惘)히 여기다"로 되어 있어서 어차피 한글 표현으로서도 설명이 필요했다.] "불쌍히 여기다"의 희랍어 동사는 '스프랑크니조마이'인데, 이곳에서는 수동태로 사용되었다. '스프랑크니조마이'의 어근은 '스프랑크논'(명사는 보통 복수형인 '스프랑크나'를 많이 씀)으로, 이는 심장, 간장, 폐 등 인간의 내부 장기를 총칭하는 말이다. "불쌍히 여기다"를 문자적으로 번역한다면 "내장(內腸)이 뒤흔들리다" 정도가 될 것이다. 이런 의미가 산출된 것은 인간의 신체 내부에 들어 있는 장기들이 인간의 내면(애정, 간절한 마음)과 연결이 된다고 생각했기 때문이거나, 이 장기들을 인간의 내면에 대한 상징적 수단으로 채택했기 때문일 것이다. 어쨌든 이 동사는 인간의 내면/중심이 뒤흔들린다는—즉 어떤 이가 강렬한 정서 상태를 경험한다는—뜻이다.

둘째, 예수님의 사역은 무리에 대한 '중심의 뒤흔들림' 때문에 수행되었다는 사실이다. 예수님은 처음에 갈릴리 지역에 국한하여 행하던 사역(마 4:23)을 모든 도시와 마을로 확장하셨다(마 9:35). 사역의 내용은 전과 마찬가지로 가르치는 것, 복음을 전하는 것, 병을 고치는 것이었다. 그런데 이런 모든 사역을 수행하시는 이유가 무리를 보시고 그들을 불쌍히 여기셨기 때문이다. 그들이 목자 없는 양과 같이 방치된 채 고통당하는 것을 보신 예수님은 중심에 '뒤흔들림'을 느끼셨고, 이 뒤흔들림이 그분을 가르치고 전하고 고치도록 추동한 것이다.

필자는 그날 사역자의 구비 조건과 관련하여 전에는 심각히 고려하지 못했던 중요한 점을 충격적으로 깨닫게 되었다. 예수님은 자신의 도움이 필요한 사람들을 보시며 중심이 뒤흔들렸다는 사실, 또 그것 때문에 가르치고 전하고 고치는 사역에 투신하셨다는 사실, 이것이 너무나 생생히 내 심령을 강타했고, 동시에 이것이 나의 부족함과 연약함을 여지없이 드러내 주었다. 나의 사역 대상—학생, 교우, 일반 사람들—을 보면서 내게는 과연 그들을 '불쌍히 여기는' 중심의 뒤흔들림이 있었는가? 나는 지금까지 무엇 때문에 사역을 했고, 무엇이 나로 하여금 사역자의 길을 걷도록 만들었는가?

자신을 돌아보는 자문과 자책의 시간 끝에 내린 결론은 명확했다. 나는 예수님과 같은 '중심의 뒤흔들림'이 상당히 결여된 사역자라는 것이었다. 그런 자질의 흔적조차 존재하지 않았다고는 말할 수 없을지 모르지만, 전반적으로 보면 미약했고 피상적이었다. 남은 길은 부족한 모습을 회개하고 예수님의 내면/중심을 더욱 깊이 더욱 자주 공감할 수 있게 해 달라고 간구하는 것뿐이었다.

그러면 예수님의 심령을 공감하는 일은 왜 이토록 우리의 주목을 받아야 하고, 왜 우리가 두고두고 고민해 마땅한 중차대한 사안인가? 세 가지 이유를 제시할 수 있을 것이다. 첫째, 예수님의 내면/중심이 뒤흔들리셨던 모습(불쌍히 여기심)은 모든 그리스도인의 모범이요 표준이기 때문이다. 예수님의 내면/중심을 공감하는 일은 다른 성경 인물에 대한 공감과는 차원이 다른 경험이다. 필자가 앞 섹션에서 밝힌 공감의 몇 가지 사례(포로로 끌려간 이스라엘 백성, 고난으로 얼룩진 바울, 루디아와 빌립보 간수 등)는, 모든 그리스도인이 경험해야 하는 표준적 사항은 아니다. 비록 어떤 그리스도인이 이미 언급한 인물들에 대해 필자와 같은 방식으로 공감하지 못했다고 해도 별로 문제 될 것이 없는 이유는, 성경에는 얼마든지 다른 인물들이 등장하고 이들에 대해서 공감하면 되기 때문이다. 즉, 언급한 인물들에 대한 공감의 결여가 우리를 그리스도인답지 않게 만드는 것은 아니라는 말이다. 그러나 마태복음 9:36에 언급된 예수님의 모습은 경우가 전혀 다르다. 중심이 뒤흔들리신 예수님의 내면에 공감할 수 없다면, 우리는 예수님의 모범을 저버리는 것이 되고 그리스도인의 성숙으로부터 이탈하는 것이 된다. 이렇게 되는 근본적인 이유는 예수님이 도덕적·인격적 면에서 우리의 모범이시고, 우리는 그 모든 면에서 그리스도를 닮아야 하기 때문이다.

둘째, 예수님의 중심이 뒤흔들리셨던 경험이 우리에게는 너무나 깊고 심원해서 한두 번의 노력과 시도만으로는 공감이 이루어질 수 없기 때문이다. 역시 이 점을 필자가 앞서 소개한 공감의 사례와 견주어 보자. 포로로 끌려간 이스라엘 백성의 경우든, 고난으로 점철된 바울의 상황이든, 루디아와 빌립보 간수가 바울의 편지를 읽으며 느낀 감격이든, 우리 편에서 진지한 감정 이입의 노력이나 상상력의 발동만 있다면, 그 대상에 대한 상당한 정도의 공감이 가능하다. (물론 마음의 고통과 즐거움은 그 경험자만이 갖는 독특한 것이라서 외부자의 입장에서 '충분히 공감했다'라고 말하기는 어렵지만, 그럼에도 불구하고 상당히 근접할 수는 있다는 말이다.) 그러나 예수님이 무리를 보시며 '불쌍히 여기신'—중심/내면이 뒤흔들리신—내적 경험은, 예수님의 온전한 인성과 인간 고통에 대한 민감한 능력을 감안할 때 우리가 예사로이 가능하거나 도달하기 쉽지 않은 마음 상태다. 따라서 우리가 예수님의 중심이 뒤흔들린 일을 공감하기 위해서는 끊임없는 노력과 시도가 필요하다. 이것은 예수님을 닮는 일이 몇 번의 시도나 일시적인 노력만으로 되지 않고 반복되는 수고(평생에 걸친 성화 훈련)를 요하는 것과 비슷하다.

셋째, 이미 앞에서 상세히 밝혔지만 '중심의 뒤흔들림'이 없이는 순수하고 역동적인 사역의 수행이 가능하지 않기 때문이다. 우리가 알다시피 기독교 사역은 종종 바람직하지 않은 동기에 의해 탄력을 얻곤 한다. 사역 확장에 대한 욕심, 동료에 대한 시기심과 경쟁의식, 사역의 성과에 대한 자랑이나 교만이 흔한 예다. 이런 것들이 심리적 동인으로 작용하면, 우리가 섬겨야 할 사역 대상을 도리어 수단화하고 비인격화하기가 쉽다. 무엇이 이런 불행한 사태를 원천 봉쇄할 수 있을까? 필자의 경험으로는 '중심의 뒤흔들림'이 이에 대한 중요한 예방책이다. 우리가 사람들을 보면서 예수님처럼 불쌍히 여기고 중심에 뒤흔들림을 경험한다면, 좀 더 순수하고 사람 중심적인 사역을 추구할 수 있을 것이기 때문이다.

필자는 지금까지 성경 묵상의 효율적인 방안으로서 공감을 소개했다. 또 공감의 작용이 그리스도를 닮고 본받는 것과 어떻게 연관되는지도 설명했다. 나는 이것이 성경 묵상의 전부라든가 성경 묵상의 왕도라고 생각하지는 않는다. 그러나 성경을 묵상하는 그리스도인이라면 간과할 수 없는 중요한 요소라는 점은 강조하고 싶다.

묵상,
존재를
변화시키는
연합

정민영

묵상은 번역이다

미국에서 신학과 언어학을 공부했다. 1986년부터 위클리프성경번역선교회 소속으로 파푸아뉴기니와 인도네시아에서 성경 번역 선교사로 사역했다. 2008년부터 2017년까지 국제위클리프 부대표로 섬겼다.

들어가며

시편 1편이 강조하듯, 지속적 말씀 묵상은 기독교 영성의 핵심이다. 6세기 수도원운동의 지도자 성 베네딕트는 기독교 영성을 '기도와 일'(*ora et labora*), 곧 들숨과 날숨이란 통전적 삶의 개념으로 이해하고 실천했다. 같은 맥락에서, 성서유니온이 번역하여 출간한 배리 존스(Barry D. Jones)의 책 『dwell: 세상을 위해 하나님과 함께하는 삶』은 하나님과의 동행을 영성의 출발로 보았고, 세상을 섬기는 선교적 영성을 그 열매로 보았다. 요한복음 15장의 비유를 빌리자면, 가지인 우리가 포도나무이신 그리스도께 접붙어 누리는 동행이 '들숨 묵상'이라면, 그분으로부터 참 생명의 수액을 공급받아 결실하는 선교적 영성은 '날숨 묵상'인 셈이다.

말씀 묵상은 기록된 계시를 해석하고 이해하며 전인적으로 내면화하는 과정을 아우른다. 하나님의 영원한 진리는 초월적 진공에 존재하는 추상적 도그마가 아니다. 그것은 구체적 시공간 안에서 다양한 언어와 문화, 역사적 정황과 사회적 양식(樣式)을 매체로 계시되었다. 이는 성경의 내용과 기록의 역사적 배경, 문화, 언어가 다양한 이유며, 그래서 묵상은 번역 즉 시공간과 언어-문화의 간격을 메꾸는 작업을 요구한다. 성경 번역은 타자에게 복음을 효과적으로 전달하려는 선교적 목적뿐 아니라, 우리 스스로 계시의 내용과 의미 및 의도를 올바로 깨닫고 내면화하기 위한 묵상의 여정이다. 따라서 번역의 관점에서 묵상을 논해 보기로 한다.

번역의 층위들

번역에는 언어, 문화, 신학(화), 통전성 등 여러 층위가 있다. 사람들은 한 언어로 기록된 내용을 다른 언어로 옮기는 표층적 차원만 번역이라 생각하는 경향이 있다. 헬라어와 히브리어 및 아람어로 기록된 신구약성경을 대상언어로 옮기는 일이 바로 그것이다. 번역의 언어적 차원만 생각하면 머지않아 인공지능이 성경 번역자의 역할을 대신할 것으로 예측할 수도 있다. 그러나 원문의 단어나 문장을 제3의 언어로 대치하는 게 번역의 전부는 아니다. 언어와 밀접하게 얽힌 문화적 뉘앙스를 감지하고 번역 대상의 언어-문화에 적실한 형태로 재현하는 일을 인공지능이 대신할 수 있을까? 발전된 인공지능이 빅데이터를 기반으로 원문의 문법적 분석과 내용 파악, 옮길 단어의 선택 등 논리적 작업은 감당할 수 있겠지만, 감성적 공감을 요하는 미묘한 심리적 묘사나 문학적 기교, 행간의 의도 등을 파악하고 효과적으로 옮길 수 있을까? 인공지능을 포함한 문명의 이기를 십분 활용하는 건 당연한 일이다. 그러나 기록자의 세계관과 독자의 세계관의 상호 작용, 즉 원문의 저자(성경 기록자 및 저자이신 하나님)와 번역자(묵상자) 사이의 인격적 대화와 교감을 통과하는 과정이 번역이란 사실을 간과해서는 안 된다. 성경 번역이 곧 묵상의 여정인 이유다.

오순절: 언어(문화)적 번역

만일 세상에 원어 성경만 존재한다면 성경 원어를 공부한 사람을 제외하고는 묵상이 원천적으로 불가능할 것이다. 오순절은 성경 번역의 필요와 당위를 잘 보여 주는 사건이다. 타락한 인간들이 창조주에 대항하여 바벨탑 쌓기에 이르자, 하나님은 악의 결집을 해체하는 방편으로 언어를 혼잡케 하여 사람들을 흩으셨다(창 11장). 멸망을 향해 치닫는 바벨탑 사건은 필연적으로 언약(복음)이라는 하나님의 은혜로운 개입을 낳았고(창 12장), 오순절은 이른바 '바벨탑 불통'을 뒤집은 '선교적 소통' 사건이었다.

따라서 오순절을 단순히 신기하고 놀라운 기적이 일어난 날 정도로 치부해서는 안 된다. 성령 강림을 흔히 '불'로 임하신 사건으로 해석하는데, 본문을 자세히 보면 비유의 초점이 '불'이 아니라 '혀들'임을 알 수 있다. 성령은

'불의 영'이라기보다 인간의 다양한 언어로 소통하는 '혀들의 영'이신 것이다. 세상의 여러 언어처럼 헬라어도 혀와 언어를 동의어로 사용한다. 누가는 "혀들이 불처럼" 나타난 모습을 사람들이 보았다고 기록한다(행 2:3). 인간에게는 혀가 하나만 있지만, 여러 개의 혀로 상징되는 성령의 모습을 묘사하기 위해 불꽃이 여러 개의 혀처럼 갈라지는 모습을 보조적 비유로 사용한 것이다.

바벨탑 불통이 죄로 인해 깨어진 관계, 즉 원천적으로 하나님과 관계가 깨어지고 파생적으로 이웃과 관계가 깨어진 모습을 드러낸다면, 오순절 소통은 회복된 관계를 통한 그리스도의 거룩한 우주적 몸(the holy universal church)이라는 궁극적 비전을 향한 하나님의 해법인 셈이다. 하나님 나라의 종말적 완성을 예고하는 요한계시록 기사들(5:9; 7:9)에서 오순절 사건의 기시감이 느껴지는 이유다. 흔히 다양성의 긍정과 포용을 성공적 제국의 비결이라 말하는데, 가장 위대한 제국인 하나님 나라의 본질은 다양성 안에서 통일, 조화, 평등이 구현되는 '삼위하나님의 모자이크'라 할 수 있다.

그런 의미에서 어떤 학자들은 기독교를 '번역의 종교' 또는 '번역된 종교'라 부른다. 언어는 메시지를 담는 가치중립적 그릇일 뿐, 거룩한 언어가 따로 있는 게 아니다. 언어 자체가 거룩한 게 아니라, 그 언어(원어)에 담긴 메시지가 거룩한 것이다. 따라서 다양한 언어로 심오한 진리를 번역할 수 있고, 그래야 마땅하다. 창시자가 사용한 언어가 아닌 제3의 언어로 경전이 기록된 유일한 종교라는 파격이 다른 종교와 구별되는 기독교의 차별성이다. 이슬람 경전인 꾸란은 창시자 무하마드가 사용한 아랍어로 기록되었고, 베다경을 비롯한 방대한 힌두 경전들은 브라만 승려들이 사용한 산스크리트어로 기록되었는데, 신약성경은 그리스도께서 사용하신 아람어가 아니라 당대 가장 많은 사람이 사용하던 공용어인 헬라어로 기록되었다. 성경은 그 내용이 담아내는 메시지뿐 아니라 성경을 기록한 언어의 선택을 통해서도 선교적 의도를 드러내고 있다.

따라서 말씀 묵상을 통한 깨달음은 단지 개인의 구원에만 머물 수 없다. 아브라함 언약(창 12:1-3)에서 보듯, 복음은 묵상자에게 복이 될 뿐 아니라 그 복이 그로부터 세상으로 흘러가게 하는 속성을 지녔기 때문이다. 선교적 지향성은 다양한 대상의 언어로 말씀을 번역해 줘야 할 필요성과 당위성을 제기한다. 번역을 통한 복음의 확산은 '수평적' 또는 '공시적' 측면과 '수직적' 또는 '통시적' 측면을 아우른다. 수평적 확산은 동시대 인류의 다양한 언어로 말씀을 번역해 주는 일이고, 수직적 확산은 앞 세대로부터 차세대로 이어지는 말씀의 전승을 요구한다.

전자는 성경번역선교회나 성서공회 등을 통해 꾸준히 진행되고 있는데, 의외로 후자의 진전이 더딘 편이다.

'아브라함과 이삭과 야곱의 하나님'은 신앙 유산의 통시적 전승을 가리키는 성경적 표현이다. 21세기 들어 젊은이들이 부쩍 믿음을 떠나는 핵심 요인 중 하나로 차세대 눈높이를 맞추는 데 실패한 현대 교회의 구태의연을 들 수 있다. 번역의 관점에서, 여전히 다수의 한국 교회가 개역한글이나 개역개정 성경을 고집하고 있는 현실이 그것을 증명한다. 1911년 이른바 '구역'(舊譯) 성경이 나온 후 개정의 필요에 따라 1938년 '셩경젼셔 개역' 이 출간되고, 새 맞춤법에 따른 1952년 개역본을 최종 손질해 1961년판이 나오던 당시에는 개역한글이 시대적 역할을 훌륭히 감당했다. 번역이 당시의 어법을 반영했기 때문이다.

언어와 문화는 정체된 고인 물이 아니라 역동적이기 때문에, 시간이 흐르면서 변화된 언어-문화에 맞는 성경 번역이 요구된다. 20세기 말 급변하는 시대와 언어에 부합한 성경 번역의 요청에 따라 몇몇 새로운 양질의 번역판이 등장했지만, 안타깝게도 개역한글의 표현만 약간 손질한 개역개정판(1998년)이 주요 교단의 지지를 받으면서 많은 교회가 그 뒤를 따르고 있다. 단어와 문체의 선택에 동시대 젊은이들을 전혀 배려하지 않는 성경과 제의를 유지하면서 어떻게 차세대에 신앙 유산을 전승하겠다는 것인가? 기성세대 중심의 성경과 제의를 고집하면서 'MZ세대'라 불리는 차세대를 포기하겠다는 것인가? 개혁자들이 중세암흑기를 대표하는 라틴어 성경을 과감히 버리고 당대에 사용되던 지역 언어들로 성경을 번역함으로 실효적 개혁운동이 가능해진 역사적 교훈을 한국 교회는 진지하게 되새겨 봐야 할 것이다.

성육신①: (언어)문화적 번역

언어와 문화는 분석 차원에서 종종 구분하여 다루긴 하지만, 실존적으로는 분리할 수 없이 통합된 실체다. 복음이 다양한 언어-문화의 장벽을 뛰어넘어 새로운 토양에 뿌리 내릴 수 있고 그래야 한다는 '번역가능성' 개념은 성육신 원리가 그 기초다. 데이비드 보쉬(David J. Bosch)는 그의 명저 『변화하는 선교』(*Transforming Mission*)에서 "성육신 모델을 따라 교회는 새로운 상황과 문화에서 매번 새롭게 태어난다"고 교회 역사를 묘사했다. 그런 점진적 변화의 역사는 사도행전에서 시작된다. 유대인 중심의 민족 교회에 머물던 예루살렘 교회가 다문화 회중으로 넘어가는 산통(6장)을 겪은 다음 그들 곁에 다가온 이방인 그넬료를 품게 되었고(10장), 핍박을 계기로 타지에 흩어진 회중(디아스포라)의 타문화 선교를 통해 다문화 교회가 설립되면서(11장) 비로소 바울과 바나바를 선교사로 파송하게 되고(13장), 마침내 유대 문화의 배타적 편견을 벗어나 문화적으로 열린 교회와 복음의 전진(15장)이 사도행전과 교회 역사에 기록되었다.

번역의 원리는 복음의 토착화(문화 긍정)를 요구하지만, 복음이 현지 토양에 뿌리를 내리는 과정에서 타락한 문화의 변혁을 가져오는 순례자 역할(문화 도전)을 함께 주문한다. 독자가 처한 상황에서 친히 말씀하시는 하나님의 음성을 듣는 묵상이 출발점이고, 진리의 말씀이 죄로 오염된 독자의 존재와 상황을 깨닫게 하시고 변화시키는 능력이 묵상의 열매인 것이다. 역사신학자 앤드류 월즈(Andrew F. Walls)는 이것을 "복음은 문화의 포로이자 해방자"라 표현하면서 복음의 '번역 가능성' 개념을 다음과 같이 설명한다.

> 각 시대의 기독교는 다른 문화에 진입하고 스며드는 과정에서 지속적 변화를 경험했다. '이슬람 문화'나 '이슬람 문명'과 같은 의미의 획일적 '기독교 문화' 또는 '기독교 문명'은 없다. 이미 다양한 형태의 기독교 문명이 존재해 왔고 앞으로 더 많이 생길 것인데, 이는 기독교 신앙의 무한한 번역가능성 때문이다. 기독교에 필적할 만큼 세계적인 영향력을 가진 유일한 타종교인 이슬람은, 지역적 변종이 존재하긴 하지만, 광활한 지구촌을 아우르는 하나의 인식 가능한 문화를 만들어 낼 수 있다. 그것은 이슬람의 경전인 꾸란의 번역 불가능성 때문이다. 대조적으로, 기독교 경전은 번역을 향하여 문이 활짝 열려 있다. 아니, 기독교 신앙이 걸려 있는 위대한 사건은 말씀이 육신이 되어

우리 가운데 천막을 치신 일인데, 그 자체가 번역 행위였다.

(Andrew F. Walls, *The Missionary Movement in Christian History: Studies in the Transmission of Faith*, 22-23쪽의 일부 번역 및 인용)

세계관의 회심을 지향하는 신학적 번역

모든 신학은 하나님의 말씀에 대한 상황적 반추의 산물이므로, 모두에게 보편적으로(또는 기계적으로) 적용할 수 있는 완성된 신학은 존재하지 않는다. 전자는 '지역 신학'이고, 후자는 '보편 신학'이라 정의할 수 있다. 앞서 거론한 대로, 복음이 새로운 언어-문화 상황으로 확산되면서 새로운 옷을 입는 번역 과정이 시작된다. 하나님의 말씀은 영원불변하지만 그 진리를 담아내는 언어-문화적 그릇이 다양하기 때문에, 선교사는 자기에게 익숙한 지역 신학을 토착 공동체에 이식하는 역사적 시행착오를 반복하지 말고 복음이 토착 그릇에 담기도록 배려하고 자리를 비켜 줘야 한다. 이에 관해 티모시 테넌트(Timothy C. Tennent)는 말한다.

신학은 더 이상 인류가 던질 모든 질문이 던져졌고 성경에
제기할 모든 이슈가 제기되었다고 단정할 수 없게 되었다.
역사적 기독교의 울타리 바깥에 있던 비기독교와
다중 종교상황으로부터 새로운 문화들이 다가오면서,

> 거기 속한 사람들이 열심히 성경을 읽고 과거에 던져 본 적이 없는 새로운 질문을 던지고 있기 때문이다. … 사도 바울이 서신들을 기록한 이래 역사상 신학이 가장 '선교적'이 되고 '교회 연합적'이 되는 시대가 도래할 것이다. … 그 이유는, 향후 신학이 더욱 온전한 정통성을 지향하면서 케리그마 중심적이 되는 동시에 더욱 다양하고 글로벌해질 것이기 때문이다.
>
> (2009년 애즈버리신학교 가을사경회)

토착 교회 자립의 전제 조건으로 자주 거론되는 '3자'(자급, 자전, 자치)가 이뤄진다 해도, 토착 신앙 공동체 스스로 말씀을 읽어 내고 자신들의 상황 속에서 의미를 추출하며 고유한 그릇(언어-문화)에 담아내지 못한다면 진정한 자립은 아니라는 게 선교적 반성의 소리다. 선교신학자 폴 히버트(Paul G. Hiebert)가 '제4자'(the 4th self)라 부르는 자신학(自神學, self-theologizing)이 곧 신학적 번역에 해당한다. 자신학은 복음이 시대와 문화를 뛰어넘어 확산되는 과정에서 발생하는 일종의 '해석학적 혁명'이다. 구브로와 구레네 사람들이 헬라인을 전도할 때 '메시아 예수'라는 유대 관점에서 '주(*kyrios*) 예수'라는 헬라 관점으로 신학적 초점이 이동한 것(행 11:20), 바울이 이방인을 대상으로 "주 예수를 믿으라!"고 권한 사례(행 16:31)를 필두로 헬라 철학의 핵심 개념인 로고스(요 1:1; 요일 1:1)

나 본체(*hypostasis*, 히 1:3) 등을 사용한 사례들은 자신학을 겨냥한 선교적 배려로 이해할 수 있을 것이다.

그러나 가장 중요한 자신학의 주체는 토착 신앙 공동체다. 성경은 단순히 종교를 갈아타는 '개종'이 아닌 '회심'(*metanoia*)에 초점을 맞춘다. 공예배 출석이나 다양한 종교 행위 참여 등 겉으로 드러나는 제의적 차원이 아니라, 세계관과 가치관의 급진적 변혁을 아우르는 전인적 변화가 회심이다. 문화의 표층적 차원에서 신자와 불신자를 속단하지 말고, 문화의 심연을 건드려 도전하고 인고의 과정을 통해 점진적 변혁을 일구어 내는 게 회심이다. 토착 공동체 스스로 말씀을 묵상하고 그 메시지와 씨름하는 과정이 생략된 제도 교회를 진정한 회심 공동체라 부를 수 없는 이유다. 그 씨름을 타자가 대신해서는 안 되고, 그럴 수도 없다. 각 공동체 스스로 말씀을 읽어 내고 자신들의 정황에서 의미를 추출해 내는 자신학 과정이 곧 묵상의 여정인데, 그 영광스러운 과제를 생략할 옵션이나 권한은 누구에게도 없다.

성육신②: 통전적 번역

"말씀이 육신이 되어 우리 가운데 거하시매 우리가 그의 영광을 보니 아버지의 독생자의 영광이요 은혜와 진리가 충만하더라"(요 1:14). 영원한 진리(로고스)가 인간의 몸을 입고 세상에 오신 놀라운 사실은 언어-문화적 번역을 뛰어넘는, 실존적이고 통전적인 번역의 차원을 제시한다. 앞에 인용한 역사신학자 월즈는 하나님이 인간 구원을 위해 일하시는 방식으로 '그리스도'라는 번역을 선택하셨다고 말한다. 하나님의 빼어난 두 속성인 '은혜와 진리' 또는 '사랑과 공의'는 말로 설명할 교훈이 아니라 성육신을 통해 자신의 존재로 구현해야 할 실체였다. "율법은 모세로 말미암아 주어진 것이요 은혜와 진리는 예수 그리스도로 말미암아 온 것이라. 본래 하나님을 본 사람이 없으되 아버지 품속에 있는 독생하신 하나님이 나타내셨느니라"(요 1:17-18). "옛적에 선지자들을 통하여 여러 부분과 여러 모양으로 우리 조상들에게 말씀하신 하나님이 이 모든 날 마지막에는 아들을 통하여 우리에게 말씀하셨으니"(히 1:1-2).

요한복음의 선교 명령(요 20:21)은 우리에게 그리스도 같은 증인이 되라고 요구하고, 바울은 자기의 삶과 사역이 그리스도를 본받는 여정이었음을 고백한다(고전 11:1). 통전적 번역인 성육신은 동일화(identification)와 언행일치(integrity)라는 두 가지 핵심 원리를 우리에게 가르친다. 인간과 소통하고 인간을 구원하기 위해 하나님이 인간이 되신 동일화 원리는, 우리가 섬길 세상에 대한 이해의 깊이와 눈높이 맞추기의 수준이 어떠해야 할 것인지 도전한다. 고상한 진리를 말로 가르치기보다 성육신을 통해 몸소 구현하신 언행일치 원리는 우리가 복음을 세상에 들려줄 뿐 아니라 보여 줘야 한다는 사실을 깨닫게 한다. 전도지로 축소된 간단한 복음의 요지를 외치는 것으로 세상이 변하지 않을 것이다. 만일 그것이 전도의 원리라면 하늘에서 확성기로 전도지를 읽어 주시면 되지 굳이 예수님이 육신을 입고 세상에 오실 필요가 없었을 것이다. 육신으로 오신 로고스를 세상이 들은 게 아니라 보았다고 하지 않는가! 복음에 대해 많은 말을 하기보다, 우리가 소금으로 빛으로 '산 위의 동네'가 될 때 세상이 보고 하나님께 영광을 돌릴 거라고 예수님은 산상수훈에서 가르치신다(마 5:13-16).

로고스의 성육신을 논하는 요한복음 1장의 문맥에 세례 요한을 잠시 등장시키는 의미가 바로 그런 게 아닐까 싶다. 세례 요한은 예수님을 닮은 통전적 증인으로 부름받은 교회를 대표하고, 교회의 통전적 증거를 통해 세상이 그리스도를 믿게 된다는 메시지일 것이다. 예수님에 관해 설명하는 정도가 아니라, 그분의 몸으로서 "그리스도가 지금 내(우리) 자리에서 내(우리) 역할을 감당하신다면 무엇을 어떻게 하실까?" 질문하는 것이 참된 묵상의 모습일 것이다. "가장 위대한 성경 번역은 내 삶을 통한 번역이다"라는 토레이(R. A. Torrey)의 주장이 이해되는 지점이다.

묵상은 우리 존재의 체중을 말씀에 온전히 싣는 헌신을 전제한다. 하나님의 말씀을 '주야로 묵상'하는 '복 있는 사람'(시 1:1-2)의 의미가 바로 그것인데, 단순한 성경 공부나 큐티 이상의 개념이다. 매일같이 성경 공부를 주야로 지속할 수는 없지 않은가? 묵상은 말씀이라는 본목(本木)에 우리 자신을 접붙이는 일이고, 진리의 바다에 자신을 던지는 행위다. 깊이를 헤아릴 수 없는 진리의 바다가 두려워 먼발치에서 구경하거나 기껏해야 해변에서 발목만 적시는 종교 행위는 되레 묵상을 가로막는 장해물이다. 물가에서 머뭇거리며 불안에 떨기보다 물속에 몸을 던지고 힘을 뺄 때 자신의 노력과 무관하게 부력이 선물해 주는 뜻밖의 안전을 경험하듯, 진리에 자기 존재를 던지는 자를 향해 주님은 "진리가 너희를 자유롭게 하리라"(요 8:32)고 선언하신다.

기록된 계시는 분석과 해석의 대상이므로, 본문의 문법 구조를 분석하여 내용을 추출해 내는 일은 반드시 필요하다. 그러나 묵상은 우리를 지적 학습에 머물도록 내버려 두지 않는다. 성경은 죽은 고서(古書)가 아니라 시공간을 초월하여 살아 있는 하나님의 말씀이기 때문이고(히 4:12-13), 우리 안에 내주하시는 "진리의 성령"(요 16:13)께서 그 말씀을 거울처럼 사용해 우리의 죄성을 백일하에 드러내시고, 방망이처럼 사용해 우리의 타락한 양심과 영혼을 두드리시며, 불처럼 사용해 추악한 옛사람이 거룩한 백성으로 변화되는 성화의 여정으로 이끄시고, 만신창이가 된 우리 존재에 치유의 기름을 바르셔서 송이꿀보다 감미롭게 위로하여 소생시켜 주시기 때문이다. 묵상이란 성경에 기록된 타자에 관한 공부가 아니라, 우리에게 실시간으로 번역되어 살아 있는 하나님의 말씀이 우리 세계관과 가치관을 혁신하고 우리 존재를 그리스도의 형상으로 빚어 가시는 평생 여정이다.

박대영

묵상은 관계다

성경 교사로서의 소명을 따라 연세대학교에서 신학을 공부했고, 성경 원문 연구에 매진하여 에스라성경연구원, 케이펀레이성경대학, 런던바이블칼리지에서 공부했다. 광주소명교회를 개척하여 섬기고 있으며, 「묵상과 설교」 책임편집자다.

생각을 생각하는 묵상

『시튼 동물기』로 잘 알려진 박물학자 어니스트 시튼(Ernest Thompson Seton)이 엮은 『인디언의 복음』(*The Gospel of the Redman: A Way of Life*)이라는 책이 있다. 이 책에서 시튼은 백인의 문명과 백인이 미개하다고 여기는 인디언의 문명을 대조한다. 백인들은 '얼마나 많은 재산을 모았는가?'를 성공의 척도로 삼지만 인디언들은 '얼마나 동족을 위해 많은 봉사를 했는가?'를 성공의 척도로 삼는다. 아마 돈의 광기에 사로잡힌 서구 백인 문명의 눈에는 이런 인디언들의 기준이 너무 순진하고 낭만적으로 보일지 모른다. 하지만 시튼은 그들의 삶의 방식과 관계 맺는 방식이 도리어 백인들이 그들에게 그토록 강제로라도 믿게 하고 싶었던 복음의 원음에 더 가깝다고 말한다. 인디언들이 미(未)전도 종족이었다면, 백인들은 오(誤)전도 종족이었다. 복음에 합당하게 이 땅에서 천국을 누리고 있는 사람들은 맘몬의 노예가 되어 하나님마저 우상으로 전락시킨 백인들이 아니라 저 인디언들이었다. 이 책에 나오는 '늙은 양파 장수' 이야기는 소유보다 관계를 중시하는 그들의 가치관을 잘 드러낸다. 멕시코시티의 큰 시장에서 양파를 파는 인디언 노인 포타-라모가 있다. 시카고에서 온 한 미국인이 노인이 가져온 양파를 모두 사겠다고 제안한다. 돈의 기준에서 보면 다 팔고 갈

수 있어 횡재한 것이고 또 다른 돈인 '시간'을 벌 수 있어서 두 배의 이문을 남기는 거래다. 그런데 놀랍게도 제안을 거절한 노인은 그가 양파를 파는 이유를 이렇게 설명한다.

> 나는 내 삶을 살려고 여기에 있습니다. 나는 이 시장을 사랑합니다.… 햇빛과 바람에 흔들리는 종려나무를 사랑합니다. 나는 페드로와 루이스가 '부에노스 디아스'라고 와서 인사하고 담배를 태우며 아이들과 곡물에 관해 얘기하는 것을 좋아합니다. 나는 친구들을 만나는 것을 좋아합니다. 이런 것이 내 삶입니다. 그것을 위해 나는 종일 여기 앉아서 스무 줄의 양파를 팝니다. 그러나 내가 내 모든 양파를 한 손님에게 팔아 버린다면, 내 하루는 끝이 납니다. 그럼 나는 내가 사랑하는 것들을 다 잃게 되지요.

옥명호의 『나를 넘어서는 성경 묵상』에서 이 일화를 접하고는 한동안 멍하니 허공을 응시할 수밖에 없었다. '어서 팔자', '하나라도 더 팔자', '남들보다 더 팔자'라는 마음으로 살고 있는 내가 보였기 때문이다. 그러는 동안 노인이 사랑하는 것들(자연, 친구, 아이들, 웃음, 대화)을 나는 다 잃어 가고 있었고, 오직 양파 스무 줄을 한 몫에 다 사 주는 사람에게만, 아니 그가 내미는 돈에만 매료되어 있었다. 소유는 챙겼지만 관계는 부실했다. 그러니 시간을 번 것이 아니라 시간을 지우고 있었던 거다. 사랑하지 않는 시간, 관계가 형성되지 않는 시간은 살아 있는 시간이 아니기 때문이다. 이 노인에게 풍성하던 사랑과 사람, 삶과 노래가 내겐 없었다. 이 인디언 노인이 백인 신사에게 건넨 말이 내가 맺고 있는 관계 방식과 가치관을 질문하게 했다. 그가 나를 '묵상'으로 안내한 것이다.

이렇듯 묵상은 '생각을 생각하는 일'이다. 거울 속에 있는 나를 보는 일이 아니라, 거울 속에 있는 나를 보면서 이런저런 생각을 하는 나를 보는 일이다. '거울 속의 나'를 보는 '거울 밖의 나'는 거울 속에 있는 나의 어떤 모습을 뿌듯해하고 격려하는지, 혹은 어떤 까닭으로 보고 싶지 않고 바꾸고 싶은지, 거울 밖의 내 생각을 생각하는 일이 묵상이다. 거울 안에 있는 사람은 거울 밖에 있는 사람의 가치관에 따라 찬사를 받기도 하고 멸시를 받기도 한다. 환대를 받기도 하고 냉대를 받기도 한다. 그런데 거울 속의 내가 정말 그런 평가나 대접을 받는 것이 합당한지는 어떤 기준을 들이대느냐에 따라 달라진다. 거울 속 노인은 미개한 인디언이 될 수도 있고, 돈의 광기에 사로잡힌 백인 중산층 장로교인보다 복음에 합당한 삶을 살고 있는 사람이 될 수도 있다. '거울 속의 나'는 '양파 스무 줄'과 같은 존재다. 그 양파를 돈으로 바꿀 수 있는 재화로 볼 수도 있고 관계를 맺는 매개로 삼을 수도 있다. 이처럼 양파 스무 줄의 쓸모는 정해진 것이 아니라, 그것을 향한 내 가치관에 달려 있다. 그 가치관을 관찰하고 성찰하는 일을 '묵상'(meditation)이라고 부른다.

세계관적 사유인 묵상

'생각하는 대로 살지 않으면 사는 대로 생각하게 된다'는 말이 있다. 그런데 사실 생각 없이 사는 사람은 없다. 좀 더 촘촘하게, 일관되게 생각하지 못할 수는 있지만, 우리는 저마다 자신도 모르게 형성되어 있는 생각(무의식)에 따라 살고 있다. '묵상'은 우리의 의식 세계뿐만 아니라 많게는 95퍼센트에 달한다는 무의식 세계를 의식적으로, 갖은 노력을 기울여, 지속적으로 들여다보는 일이다. 묵상은 나도 모르게 하고 있는 결정, 판단, 가치 부여, 속에서 솟구치는 감정이 내가 도대체 무엇에 가치를 두고 살기 때문인지, 무엇을 욕망하며 살기 때문인지를 살피는 일이다. 즉 내 세계관, 가치관, 욕망을 진단하는 일이다. 그러나 거기에 머물지 않고 내가 옳다고 생각하는 그 가치 척도 혹은 지배 서사(meta-narrative)를 정하고, 그 서사에 따라 내 사유 방식과 관계 맺기 방식을 정하도록 자신에게 촉구하는 일이다. 한 걸음 더 나아가, 그것이 내 무의식의 영역 안에 안착될 때까지 내 몸에 습관으로 새기고 제의(ritual)로 만들며, 문화를 형성하는 전 과정이다.

당연히 우리 그리스도인들에게는 그 세계관적 사유, 즉 묵상의 척도가 '성경' 이고, 그 내용은 '복음과 하나님 나라'다. 그래서 그리스도인의 묵상은 '성경 묵상'이고 '하나님 나라 묵상'일 수밖에 없다. 하나님의 자녀로 부름받은 우리 삶은 하나님께서 그리스도 안에서 행하신 일을 근거로(과거), 궁극적인 하나님의 창조 목적이 이루어지는 새 하늘과 새 땅의 하나님 나라를 소망하면서(미래), 이미 시작된 그 하나님 나라에서 하나님의 형상을 이루며 주의 뜻을 따라 사는 일(현재)이다. 따라서 그리스도인의 '성경 묵상'과 '하나님 나라 묵상'이 있기 전에 반드시 전제되어야 하는 것이 '믿음'이다. 창조주 하나님의 역사 주권에 대한 믿음, 예수 그리스도의 사랑과 구속에 대한 믿음, 성령의 영감과 조명에 더한 믿음, 하나님의 말씀인 성경에 대한 믿음이 있을 때, 우리는 세상과 차별화된 묵상을 할 수 있다. 믿음이 없이도 성경 묵상을 시도할 수는 있지만, 하나님 말씀에 장악되지 않은 이는 하나님 말씀을 자신의 생각과 욕망을 정당화하는 도구로 전락시킨다. 그것은 수용의 묵상이 아니라 사용의 묵상이고, 사랑의 묵상이 아니라 소유의 묵상이다. 하나님의 말씀은 내가 따라 창조되어야 할 생명의 명령이 아니라, 내가 부리고 이용하여 원하는 것을 창조하는 데 쓸모 있는 정보로 둔갑하게 된다. 그러면 '나'는 하나님의 창조와 구속의 목적에 맞게 하나님 나라의 사람으로 변하는 대신, 하나님 나라를 거슬러 내 나라와 내 느낌과 내 만족을 위해 사는 사람이 되고 말 것이다.

관계에 '대한' 묵상

이렇듯 신앙은 '관계'의 문제다. 하나님께서 세상을 창조하셨다는 말은 세상에 없던 것을 존재하게 하셨다는 차원을 넘어서 하나님과 인격적으로 상대할 수 있는 대상, 즉 '관계'를 창조하셨다는 뜻이다. 이 둘 사이의 관계 방식, 즉 관계를 형성되게 하는 하나님의 하나님 노릇과 피조물의 피조물 노릇의 내용을 정할 수 있는 분은 창조주 하나님뿐이다. 하나님께서는 삼위 하나님의 존재 방식과 관계 방식을 모델로 당신과 인간 사이의 관계와 존재 방식을 정하셨다. 또한 인간들 사이의 관계 방식과 인간과 생태계 간의 관계 맺기 방식 역시 삼위 하나님 간의 관계 맺기 방식을 모델로 하셨다. 그것이 반영된 게 '언약'이다. 그 언약이 정하는 관계와 존재 방식에 충실할 때 '복', 즉 생명이 찾아올 것이다. 목숨이 붙어 있다고 살아 있는 게 아니라, 바로 이 '복'을 누릴 때 우리는 진정으로 살아 있는 것이 된다. 그런데 이 '관계'라는 말처럼 모호하면서도 신비한 어휘는 드물다. 실제적이면서도 추상적이라서 그렇다. 관계는 생명이어서 가만있지를 않는다. 출렁거린다. 깊어지기도 하고 얕아지기도 한다. 진해지기도 하고 묽어지기도 한다. 평면적이었다가 입체적인 것이 되기도 한다. 특히 눈에 보이지 않고 귀로 들을 수 없지만 분명히 존재하시는 하나님을 믿는 일, 사랑하는 일, 그분의 뜻을 알고 거기에 자신의 존재 근거를 삼고 전부를 걸게 되는 일, 즉 믿음의 역사는 신비 중의 신비다.

하나님과의 관계를 어떻게 정의하는지에 따라 내가 다른 생명들과 맺는 관계가 정의된다. 하나님과의 수직적인 관계가 수평적인 관계를 결정하기에, 둘은 구분할 수 있지만 따로 떼어 놓을 수는 없다. 모든 생명은 시간과 공간을 넘어서서 지금도 살아 계시면서 당신의 창조 목적을 이루어 가시는 하나님 안에서 다 연결되어 있다. 존재에 관한 이 엄연한 진리가 우리에게 요구하는 것은 '연대' 혹은 '연결'이다. 내가 알든지 모르든지, 얼마나 멀리 떨어져 있든지 간에 이 진리가, 동시대를 살고 있는 사람들과 내 생명이 연결되어 있다는 것과 그들의 생명짓, 몸짓, 마음짓이 오늘 내 생명을 지탱해 주기도 하고 위협하기도 한다는 생각을 갖게 한다. 공간을 넘어선 이 연대감만 아니라, 한 번도 본 적 없는 나 이전에 존재한 이들과 내가 죽은 후에 올 다음 세대에 존재할 생명들과도 시간을 넘어 연결되어 있다는 생각에 이르게 한다. 공간을 넘어선 관계성을 생각할 수 있는 능력을 '공시적 상상력'이라 부르고, 시간을 넘어선 관계성을 상상할 수 있는 능력을 '통시적 상상력'이라 부른다. '묵상'은 바로 이 공시적 상상력과 통시적 상상력을 갖고 세상과 생명과 삶의 조건들을 응시하고 해석하며, 조심스럽게 가치판단을 내리는 일을 말한다. 오늘 내 결정이 동시대의 다른 생명들에게 어떤 영향을 미칠지, 더 나아가 후시대의 생명들에게 어떤 영향을 미칠지를 고려하는 사유 방식이다. 그 상상력과 사유 방식에는 '방향'이 있고 '목표'가 있는데, 그것이 바로 '하나님 나라와 그 의'다. 묵상은 하나님 나라와 그 의, 그분의 뜻을 이루기 위하여 하나님의 말씀에 근거해 내 관계 맺기 방식을 점검하고 그것에 결정적으로 영향을 미치는 우리의 '욕망' 을 재조정해 가는 일이다.

관계를 '향한' 묵상

그런 점에서 관계는 '여정'이다. 과정과 단계가 있다. 이 관계에 있어서만은 두 지점 사이의 최단거리가 직선이 아니다. 그것은 사랑을 배워 가고 신뢰를 형성해 가며, 결국 나 자신을 버리고 비워서 타인을 인정하고 수용하고 환대하며, 현상해 주는 일이기 때문이다. 묵상은 몸소 자신을 계시하신 하나님과 조우하는 일이고, 먼저 내밀어 주신 그분의 손을 맞잡는 일이다. 그 대면(encountering)이 하도 낯설고 내 욕망을 거스르는 일이어서 대결(confronting)이라는 불편한 과정을 거쳐야 편안함에 이른다. 하나님께서 말씀을 통해 자신을 드러내심으로 하나님과 우리 사이의 관계를 설정하셨으니, 묵상은 그 말씀을 잘 듣고 읽는 일이면서 동시에 그 말씀을 통해 우리 자신이 잘 읽히는 일이어야 한다. 감히 그분의 크기와 내 크기를 비교하는 일이며, 그분의 생각과 내 생각을 견주는 일이다. 그래서 묵상은 하나님의 초월적이고 이해 불가한 위엄 앞에 떨며 경외하고 예배하는 것이며, 동시에 나를 사랑하셔서 그분이 감행하신 위험을 알고 기꺼이 나 자신을 그분께 던지는 모험을 감행하는 일이다. 또한 그분의 호소에 내가 응답하는 영적 줄탁동시(啐啄同時) 사건이다. 알 속에서 병아리의 쫌과 알 밖에서 어미 닭의 쫌이 동시에 일어날 때 생명이 태어나듯이, 하나님과 우리의 소통이 이루어질 때 생명이 깨어나고 완성된다. 말씀 묵상 없는 신앙은 예외 없이 내가 창조한 하나님을 섬기고 예배하는 우상숭배로 귀결된다.

하나님과의 관계는 타자와의 관계로 이어진다. 묵상은 내가 내 바깥에 있는 대상, 그것이 사람이든 아니든, 생물이든 아니든, 유형의 것이든 무형의 것이든, 그것과 내가 맺는 관계에 대해서 질문한다. 본회퍼(Dietrich Bonhoeffer)는 이것을 "신앙은 전능자와 종교적으로 관계 맺는 일이 아니라 예수의 타자를 위한 현존에 참여하는 것"이라는 말로 설명했다. 그는 "우리가 맺는 관계는 대단히 높고 전능하며 가장 뛰어난 존재와 종교적으로 맺는 관계가 아니다. 그것은…'타자를 위해 존재하는' 예수의 존재에 참여하면서 새로운 삶을 사는 것"이라고 부연한다. 세상에 하나님과 나만의 일이란 없다. 하나님이 사랑하시는 대상, 하나님이 하고자 하신 뜻, 하나님이 참여하시는 일에 내가 어떤 태도로 임하는지가 그분과 내 관계를 결정한다. 그것은 나 자신과의 관계, 즉 나 자신을 향한 사랑에 영향을 미치기도 하고 그것에 영향을 받기도 한다. 나를 이해하고 인정하며, 사랑할 때, 굴절되지 않는 시선으로 하나님과 세상을 바라볼 수 있고, 그 반대도 사실이다.

묵상의 여정은 곧 관계의 여정이다. 나와 남을 분리하지 않고 깊은 연대감 속에서 공감하고 관계를 형성해 가는 여정이 '삶'이라면, 관계를 깊게 하는 일의 참 가치를 환기시키고 온몸에 하나님의 뜻과 마음을 새기며 말씀을 통해 계시된 하나님의 뜻을 나의 삶과 타인의 삶에 적용하고 변역하는 과정은 '묵상'이다. 참다운 말씀 묵상, 하나님 나라 묵상이 있을 때 우상과 속박으로부터 벗어나, 자유한 자만 드릴 수 있는 참 예배를 드릴 수 있다. 묵상의 삶이 참다운 생명을 만끽할 수 있게 한다.

지안(至安)으로의 초대

〈나의 아저씨〉라는 드라마에 이런 대목이 나온다. 지안이라는 여주인공이 말한다. “사람이 뭔지 처음 본 것 같았어요.” 그 어린 나이에 얼마나 상처가 깊었으면 사람에 대한 기대를 아예 접고 살았을까. 자기 나이가 삼만 살이라고 소개하는 아이이다. 한 사람이 평생에 한 번 겪을까 말까 한 일을 다반사로 겪었으니 과장이 아니다. 사람이라면 지긋지긋한 아이이다. 그런 아이가 처음으로 ‘박동훈’이라는 아저씨를 통해 ‘사람다운 사람’을 경험하고 나서 한 말이다. 박동훈이 지안이라는 청년에게 일방적으로 도움을 주기만 한 것은 아니다. 아저씨가 말한다. “너 나 살리려고 이 동네 왔었나 보다. 다 죽어 가는 나 살려 놓은 게 너야.” 세상이 모두 경계하던 아이, 살아온 내력을 알면 다 도망했던 아이, 그런 아이를 통해서 참 많은 사람들이 살아나는 것을 보여 주는 드라마였다. 그 상처와 한계, 어둔 과거와 모순덩어리의 인생이 박동훈과 그의 가족을, 더 크게는 후계동 친구 공동체의 가족들까지 살려 냈다. 그 말에 지안이가 대꾸한다. “난 아저씨 만나서 처음으로 살아 봤는데요.” 처음으로 인간 대접을 받았고, 처음으로 생명이 되고 안식이 되고 자유가 되는 관계를 경험했다는 의미일 것이다. 두 주인공이 서로 살릴 수 있던 것은 서로 인생에 대한 남다른 묵상이 있었고, 그 묵상을 통한 계산 없는 사랑의 실천이 다시 자신을 향한 새로운 인식에 이르게 했기 때문이다. 그래서 그들은 모두 자신의 울타리에서 벗어나 더 넓은 세상과 연대할 수 있었다. 그러고 보면 〈나의 아저씨〉라는 드라마는 '묵상을 통한 관계 형성'의 여정을 보여 주는 작품이다. 주님은 오늘도 하나님의 말씀과 나와 세상과 삶의 조건들, 그리고 내 인생에서 형성되는 이야기와 내 바깥을 풍미하는 큰 이야기들(meta-narratives)을 잘 묵상함으로써, 하나님이 구속과 새 창조를 통해 이루어 가시는 하나님 나라 역사에 즐거이 참여하여 '평안'(샬롬)에 이르도록 우리를 초대하신다.

박영호

묵상은 참여다

부산대학교에서 영어영문학을, 장로회신학대학교 신학을 공부했다. 미국 예일대학교에서 석사 학위를, 시카고대학교에서 박사 학위를 받고 한일장신대학교에서 신약학을 가르쳤다. 현재 도항제일교회 담임목사, 미래목회와말씀연구원 원장으로 섬기고 있다.

묵상은 방황과 귀환이다

너의 그 한마디 말도 그 웃음도
나에겐 커다란 의미
너의 그 작은 눈빛도
쓸쓸한 뒷모습도 나에겐 힘겨운 약속
너의 모든 것은 내게로 와
풀리지 않는 수수께끼가 되네

(밴드 산울림의 노래 "너의 의미" 중)

사랑하면 한마디 말도 흘려듣지 않게 된다. 작은 표정 하나도 그냥 지나치지 않는다. 생각하고 또 생각한다. 그 의미를 곱씹어 보고, 떠올리며 혼자서 미소 짓고, 혹 이런 의미는 아닐까, 어쩌면 이런 사정 때문에 그 말을 하게 되지는 않았을까, 상상력과 경험을 총동원하여 의미를 묻는다.

사랑하는 이의 말을 들은 사람은 가만히 있지 않는다. '그 사람의 마음이 이러하니 다음에 만나면 무슨 말을 해줄까', '어떤 표정을 지을까', '지금쯤 전화해야 하는 건 아닐까', 의미에 대한 생각은 실천적 고민으로 이어진다. 숙제를 받아든 학생처럼. 이른바 '적용'이다.

그렇게 오래 생각하고도 상대방의 의미를 다 알았다고 생각하지 않는다. 언제나 '수수께끼'는 남는다. 알면 알수록 내가 모르는 부분에 대한 의식은 더 분명해진다. 이

의식은 목마름으로 이어진다. 이것이 묵상이다. 하나님의 말씀을 듣고 생각하고 또 생각하는 것, 그 안에 머무는 것이다. 그래서 더 갈망하게 되는 것, "사슴이 시냇물을 찾기에 갈급함 같이 내 영혼이 주를 찾기에 갈급하니이다"(시 42:1)라는 말씀이 딱 그 뜻이다.

물론 말씀에만 집중하여 온전히 그 안에 머물기는 쉽지 않다. 우리의 생각은 쉽게 흩어지고, 자주 미끄러진다. 너무 자책할 필요는 없다. 나만 그런 것이 아니다. 이용도 목사는 이렇게 기도했다.

> 주여, 글쎄 이를 어찌하나요.
> 마음을 결심의 띠로 꽁꽁 묶어
> 주님의 제단에 바치고 정성스레 들어 올리노라면
> 어느덧 묶였던 띠가 끊어지고
> 모았던 마음이 산산이 풀어져
> 이 바람 저 바람에 날리고 마니
> 글쎄 이를 어떻게 하면 좋습니까?

인간의 마음이란 원래 그렇구나, 영성의 대가도 이랬는데 나처럼 산만한 사람이 주님께 계속해서 집중하지 못하는 것은 당연하구나 싶어 위안이 되기도 한다. 부러운 것은 그 마음이다. 온전히 드릴 수는 없어도, 드리고 싶어 하는 마음. 어디선가 이런 기도를 읽은 적이 있다.

주님, 저는 주님을 사랑하지 않습니다. 주님을 사랑하기를 원하지도 않는 것 같습니다. 주님을 사랑하기를 원하기를 원할 뿐입니다.

서늘하게 솔직한 고백이다. 나는 내 사랑이 모자란다 생각하지만, "이 정도면 됐다"라고 주님 말씀하시지 않을까? 사랑하면 돌아올 것이다. 생각이 흩어지다가도, 딴 길로 가다가도 사랑하면 그 대상에게 돌아오게 되어 있다. 초점은 주님에 대한 사랑이다. 묵상을 잘해서 성숙한 사람이 되고 싶은 욕심은 장려할 만한 것이지만, 그조차 방해가 되는 지점이 있다. 목표는 나의 성화가 아니고 주님 사랑이다. 묵상을 열심히 해서 내가 어떤 사람이 되겠다는 것이 아니라, 지금 주님이 나에게 얼마나 소중한지 고백하는 것, 그리고 주님과의 사귐을 즐기는 것이 묵상이다.

나의 묵상은 끊임없이 다른 생각의 공격을 받지만 다시 돌아오는 방황과 귀환의 연속이다. 어린이가 엄마 따라 장에 가서 여기저기 한눈팔지만 엄마 손을 잡고 놓지 않는 것처럼. 혹시 엄마 손과 떨어질 것 같으면 엄마 손을 꼭 잡는다. 놓지 않겠다는 다짐이다. 그래도 놓칠 때가 있다. 엄마가 잠시 물건 들어 보는 사이 내 발걸음이 딴 길로 향할 수 있다. 그럴 때를 위해 "엄마 못 찾으면 여기서 만나" 하고 미리 정해 놓는 것이 좋다. 그러면 만약 엄마를 놓쳐도 다시 만날 수 있다. 묵상에서 그 지점은 성경 말씀의 한 어구, 한 단어일 수 있다. 묵상하면서 그날 본문 중에서 미리 한 단어나 어그를 점찍어 놓는 것이다. 성경을 펼쳐 놓고 '어, 내가 왜 여기서 이러고 있지' 생각이 들 때, 그것을 떠올린다. 입으로 나직이 읊조리면 더 좋다. 그러면 그 자리에서 엄마를 다시 만날 수 있다.

이것도 잘 안 될 때가 있기는 하다. 염려거리가 있을 때다. 염려의 숲을 뚫고 말씀의 햇살이 비치기 어렵다 싶을 때가 누구의 삶에나 찾아온다. 걱정은 우리의 모든 시간을 촘촘히 채운다. 밥 먹다가도, 걷다가도, 일하다가도, 다른 대화를 하다가도, 잠에서 잠시 깬 순간에도 우리는 그 걱정을 한다. 당연히 묵상도 방해한다. 그러나 생각해 보면 걱정의 밀도는 내가 뭔가를 집중해서 생각할 수 있는 사람임을 말해 준다. 걱정하는 밀도로 하나님을 생각할 수는 없을까? 그래서인지 성경에는 걱정과 묵상을 연결하는 구절이 많이 있다.

> 아무것도 염려하지 말고 다만 모든 일에 기도와 간구로,
> 너희 구할 것을 감사함으로 하나님께 아뢰라. (빌 4:6)

예수님도 내일 일을 염려하지 말고, 하나님의 나라와 의를 구하라고 하셨다. 염려는 묵상의 좋은 통로가 될 수 있다. 걱정은 세상에 문제가 많다는 것을 알려 주지만, 동시에 나의 무능을 말한다. 문제가 많아도 내 능력이 충

분하다면 걱정거리가 될 수 없을 테니 말이다. 때때로 나의 무능을 자각하는 것은 유익하다. 그 걱정을 하나님께로 가져갈 수 있기 때문이다. 깊은 울림을 주는 시편 가운데 탄식시가 많다는 것을 기억하자. "내 눈물을 주의 병에 담으소서"라는 깊은 시름이 아니었으면 그 빛나는 시들을 우리는 만나지 못했을 것이다.

묵상은 두 번 시작된다

영화 평론가 이동진은 "영화는 두 번 시작된다"고 했다. 한 번은 극장에서 영화를 볼 때, 또 한 번은 나와서 특정 대사, 특정 장면의 이면을 생각해 볼 때다. 감독의 의도를 헤아려 보기도 하고, 마음대로 상상의 나래를 펼치기도 한다. 그럴 때 전문적인 영화 지식뿐 아니라 개인의 다양한 경험이 그 영화와 만난다.

> 하루 전에 만났던 사람의 행동을 상기하고, 한 주 전에 읽었던 책의 문장을 반추하며, 한 달 전에 들었던 음악의 구조를 연상하고, 한 세대 전에 발생했던 사건의 의미를 사색한다. 생각하고 또 생각한다.
>
> (이동진, 『영화는 두 번 시작된다』, 위즈덤하우스, 4쪽)

어떤 점에서 묵상은 묵상의 시간을 마치고 일어설 때 발생한다. 내가 가장 좋아하는 시간은 성경을 읽고 나서 산책하는 시간이다. 묵상이 무엇인지, 주님과 동행하는 것이 어떤 것인지 이때 배운다. 하나님의 말씀이 내 속에 스며든다는 것이 무엇인지 이때 알게 된다. 아침에 성경을 읽고 바로 시간이 없으면 한낮에 잠시 시간을 내어 산책하며 그 한 단어를 떠올려 본다. 그 한 단어와 함께 성경 말씀이 생각나기도 하고, 그 말씀이 내 삶의 다양한 상황, 세상의 복잡다단한 소식과 만나기도 한다. 나의 문제를 회피하고 순수하게 성경만으로 채우는 것은 좋은 묵상이 아니다. 말씀으로 내 문제를 들여다보고, 이웃의 마음도 헤아려 보고, 그러면서 우리는 세상의 탄식을 듣는다.

영성신학자 마르바 던(Marva J. Dawn)은 이루 말할 수 없는 고난을 겪은 사람이다. 남편의 배신으로 가정이 깨지고, 육체는 상할 대로 상해 말하기도 무서운 여러 치료를 받아야 했다. 건강을 지키기 위해 수영을 해야 했는데, 공부하고 있던 시편 말씀이 수영하는 동안에 계속 묵상이 되었다고 한다. 그때 주신 말씀을 책으로 낸 것이 『나는 언제까지 외롭습니까?』(*I'm Lonely, Lord, How Long*)이다. 하나님의 말씀이 내 안에서 내 경험과 만나고 세계와 만나는 것이다. 묵상은 내 종교적 경험 안에 하나님을 가두는 것이 아니라, 말씀을 통해 하나님의 품에 안기는 것이며 그 넓은 품에서 세상을 새롭게 만나는 것이다.

그래서 묵상을 익히면 세상과 다른 사람을 보는 눈이 달라진다. 같은 음식이라도 허겁지겁 삼킨 사람과 음미하면서 맛본 사람의 경험은 사뭇 다르다. 말씀을 묵상하며 급하게 읽었을 때 몰랐던 이면을 발견한 경험이 쌓인 사람은 다른 사람을 대할 때도 쉽게 판단하지 않는다.

사도 바울은 그리스도를 알고 나서 "어떤 사람도 육체대로 알지 아니한다"고 했다. "사람이 온다는 건 실은 어마어마한 일이다"라는 시처럼 한 사람을 만나는 것은 하나의 새로운 세계를 만나는 것이다. 내가 그 사람에 대해 알고 있는 것은 지극히 작은 부분에 불과하다. 우리는 타인에게 쉽게 레이블(label)을 붙인다. 지식수준에 따라, 정치 성향에 따라, 출신지에 따라 '이런 사람'이라고 분류한다. 그 사람 안에 한두 마디로 다할 수 없는 미묘하고 풍성한 세계가 있음에도 불구하고 한두 마디로 단정 짓고 끝내는 것은 게으름이다. 그럼으로써 우리는 얼마나 많은 가능성을 놓치고, 아름다운 만남의 싹을 자르고 있는가? 나와 다른 이로부터 배울 수 있는 여지를 없애 버리는가? 다른 세계로의 초청을 거절하는가? 물론 모든 사람에 대해 정성스럽게 '묵상'할 여력은 없다 하더라도 묵상이 습관이 된 사람은 한두 마디 말로 사람을 쉽게 범주화해 버리는 게으름에서 벗어날 수 있다.

묵상은 시적 정의로 이끈다

시카고 대학교의 법철학자 마사 누스바움(Martha Nussbaum)은 '시적 정의'(poetic justice)라는 재미있는 주장을 했다. 우리는 눈을 가리고 천칭을 들고 있는 법의 여신 이미지에 익숙하다. 피고가 어떤 형편이나 지위에 있는지 고려하지 말고 법적으로 문제 되는 부분만 엄격히 고려하여 수학적 정밀성으로 내리는 판결에 정의가 있다고 보는 것이다. 물론 학벌이나 인맥, 재력, 사회적 지위나 외모로 판결이 좌우된다면 정의는 요원할 것이다. 그러나 누스바움은 이런 기계적 정의에서 한 걸음 더 나아가 시적 정의를 말한다. 판사가 시와 소설을 통해서 세상을 만나고 사람의 이면을 헤아릴 줄 아는 사람이라면, 그 문학적 상상력이 가져다주는 공감이 더 나은 정의를 가능하게 할 것이라는 매력적인 주장이다. 재판정에 한 소년 가장이 잡혀 왔다고 하자. 그를 단순히 '비행 청소년'으로 낙인찍는 것 이상으로 그 소년의 이야기에 귀를 기울일 수 있을까? 누스바움은 문학적 상상력으로 가능하다고 말하며 이런 공감적 정의가 더 나은 사회를 만들 수 있다고 제안한다.

구약의 최고의 왕은 다윗이다. 왕의 가장 중요한 임무는 재판이다. 이스라엘 왕의 사명은 '의로우신 재판장'이신 하나님을 대리하며, 하나님의 성품을 보여 주는 것이다. 재판장이신 하나님의 의로움은 기계적 균형을 추구하기 위해 인간사의 세세한 사정에 눈을 감는 방식으로 추구되지 않는다. 정의롭기 위해 눈을 감는 것은 타락한 인간의 연약함일 뿐이다. '고아의 아버지시며 과부를 위한 재판장'이신 하나님은 인간사에 더 깊이 개입하시고 사람의 이야기를 귀 기울여 들으심으로 의와 정의를 실현하신다. 시인 다윗의 문학적 감수성이 그를 하나님 닮은 재판장으로 만들었다. '공정'과 '정의'가 우리 사회의 화두가 되어 있지만, 내 옆에 있는 사람을 공감할 줄 모르는 정의는 메마른 구호일 뿐이다. 쉽게 남을 판단하고 해치는 칼일 뿐이다. 묵상을 통해서 우리는 하나님을 알고 이웃에 눈뜨게 된다. 말씀 묵상은 결코 우리를 전통적 종교의 영역에 혹은 심미적 만족에 묶어 놓지 않는다. 하나님을 묵상하면서 익힌 감수성으로 이웃을 대할 때 공감적 정의의 가능성이 열린다.

묵상은 서로의 세계로 연결한다

성경의 하나님은 인간을 내버려 두지 않으시고 찾아오시는, 인간사에 참여하기를 원하시는 분이다. 그 열정이 '말씀이 육신이 되어' 우리 가운데 오신 성육신으로 나타난 것이다. 우리를 위하여 피 흘리시고 몸을 주신 성찬에 참여(고전 10:16-17)하는 것은 기독교 신앙의 핵심을 보여 준다. 이 참여가 '코이노니아'다. 대개 '사귐'이라고 번역하지만 코이노니아는 훨씬 더 전면적이고 역동적인 관계, '참여'를 의미한다. 코이노니아로서의 묵상 역시 사귐을 포함하지만, '참여'라는 말로 더 잘 이해된다. 그리스도를 통해 성육신하여 우리를 찾아오신 하나님이 말씀을 통해 우리 삶에 참여하는 것이 묵상이다. 우리가 그 하나님의 품에 안겨 하나님의 시각으로 이웃을 보게 되고, 그 마음으로 서로의 삶이 연결되는 것이 묵상이다. 너의 세계와 나의 세계가 따로 있지 않음을 알게 되는 것이 묵상이다.

오랜만에 재미있는 기독교 문학을 만났다. 교회 다니라고, 예수만이 답이라고 소리치지 않으면서 평범한 그리스도인의 삶이 어떻게 사람들에게 희망이 될 수 있는지 보여 주는 소설 『불편한 편의점』이다. 편의점 사장인 한 권사님이 서울역에서 파우치를 잃어버리는 데서 소설이 시작된다. 이를 안전하게 돌려준 한 노숙자에게 도시락을 대접하면서 맺은 인연이 편의점 직원으로 채용하는 데까지 이른다. 노숙자라는 명칭으로 쉽게 제외할 수 있는 사람을 '한 사람'으로 보는 권사님의 시각이 돋보인다. '독고'라고 불리는 이 노숙자가 처음 지갑을 주워서 열어 보았을 때를 소설은 이렇게 묘사한다.

수첩 맨 뒷장에 개인정보와 휴대폰 번호가 적혀 있었고,
'이 수첩을 습득하신 분은 꼭 연락 주시기 바랍니다.
사례하겠습니다'라는 글씨가 또박또박 적혀 있었다.
습득하신 '분'이라니… 잠시 사람이 된 기분이 들었고,
나도 모르게 몸을 일으키게 되었다.

소설의 한 부분이지만 현실에서 자주 일어나는 일이다. 나에게 한 말도 아니고, 나를 생각하고 쓴 글도 아닐 텐데, 어쨌건 내가 지금 '분'이라 불리고 있다는 사실이 한 사람의 마음을 움직인다. 이 한 글자의 힘에서 회복이 시작된다. 독고가 다른 손님들, 직원들의 삶에 개입하며 불편을 끼치지만, 개인주의 사회에서 생소한 그 불편이 서로에게 위안이 되고 변화의 씨앗이 되는 '참여'의 이야기다. '분'이라는 한 글자 단어가 마음에 들어올 때, 그 언어가 마음속에서 자라날 때 벌어지는 참여의 이야기, 그것이 묵상이다.

정성국

묵상은
약속이다

고려대학교에서 영어영문학을 공부하고 미국 웨스트민스터신학교에서 목회학석사 학위와 철학박사 학위를 받았다. 현재 아신대학교에서 신약학을 가르치고 있으며, 나들목양평교회를 섬기고 있다.

여는 말: 성경을 펼칠 때 보이는 세상

현실을 살아가는 데 믿음이 큰 의미가 없어 보일 때가 있다. 눈에 보이는 것들이 전부고 하나님은 멀리 있어 보인다. 인생의 복잡한 문제들을 해결하기 위해서는 좀 더 실제적인 해결책이 필요해 보인다. 바로 그러한 일상 속에서 우리는 성경을 펼친다. 그리고 신비롭게도, 방금 전까지 보이지 않던 것들이 보이기 시작한다. 일상을 새롭게 본다. 눈에 보이는 것이 전부가 아니라는 것을 새삼 깨닫는다. 새롭게 붙잡아야 할 무언가에 대한 신념이 생기고, 새로운 삶을 상상하게 된다. 성경을 펼친 다음 보게 된 이 새로운 세계로 들어가기 위한 비법이 있다면 무엇일까? 그것은 바로 '성경을 펼치는 것'이다.

묵상, 하나님을 향한 우리 몸의 약속

몸/신체성의 중요성에 대한 인식이 공유되면서, '아비투스'라는 개념이 회자되고 있다. 아비투스는 프랑스 사회학자 피에르 부르디외(Pierre Bourdieu)가 사용한 언어로, 인간의 몸에 학습되어 새겨진 확신, 성향, 욕구 체계를 일컫는 말이다. 사람들이 정말 중요하게 여기는 것들은 머리로 배우기 이전에 몸으로 배우고, 시간이 지나면 어김없이 몸에 새겨져 있는 것을 발견한다. 가령 한국 사회에서 살아남기 위해서는 무엇이 있어야 하는지 굳이 책을 통해 배울 필요가 없다. 아비투스 형성에는 집단 영향력이 중요하다. 우리가 몸담고 있는 사회 속의 관습, 공동체적 실천, 그 속에서 우리가 닮고 싶은 권위자의 모범을 만나면서 우리는 부지불식중에 무엇이 중요한지를 학습해 간다. 결정적으로 우리 스스로 같은 행동을 모방하고 반복하는 동안 우리의 확신, 성향, 욕구 체계는 습관을 통해 강화된다. 그래서였을까? 바울은 이 세대를 본받지 말라고 경계하면서, "너희 몸을 하나님께 드려라"(롬 12:1-2) 하고 권면한다. 몸을 지키라는 것이다.

묵상을 말할 때 묵상의 구체적인 방법에 대해서도 이야기할 수 있고, 성경 읽기의 원칙에 대해서도 이야기할 수 있다. 필자도 2년 동안 묵상이라는 경건 활동이 지니는 다양한 측면에 대해서 「매일성경」에 연재했고, 『묵상과 해석』이라는 책으로 출판하기도 했다. 성경 해석을 포함하는 묵상은 안내가 필요한 활동임에 틀림없다. 그러나 묵상이 성경 해석을 넘어 하나님과의 교제와 삶의 변화를 목표로 하는 활동이라면, 무엇보다 묵상을 '하는' 것이 중요하다. 교제를 위해서는 몸으로 만나야 한다. 기도에 관한 책을 아무리 읽어도, 기도에 진보를 보기 원한다면 몸으로 기도해야 한다. 묵상도 마찬가지다. 자리에서 일어나 조용한 공간을 찾고, 손으로 성경을 펴서, 눈과 입으로 말씀을 소리 내어 읽고, 말씀하시는 하나님 앞에 머리를 숙여야 한다. 이 일을 반복적으로 실천할 때에야 우리에게 형성되는 그리스도인 특유의 기질과 확신, 성향과 욕구 체계가 있다.

우리는 묵상하기 쉽지 않은 시대에 살고 있다. 해야 할 일이 많고 마음은 분주하다. 성경의 어떤 본문은 이해되지 않고, 어떤 날의 묵상은 건조하기가 이루 말할 수 없다. 그럼에도 불구하고 묵상하는 습관은 우리 몸에 무언가를 새겨 우리 자아의 심원한 부분을 형성해 간다. 바쁜 시간을 쪼개어 묵상하는 습관은 하나님의 임재에 대한 감각과 갈망을 형성한다. 묵상을 위해 성경을 펼치는 행위는 우리 속에 하나님과 그분의 말씀이 지니는 권위에 대한 감각을 형성한다. 말씀을 읽고 하나님 앞에 머리 숙이는 습관은 우리 몸에 하나님 의존과 신뢰의 감각을 형성한다. 공동체의 성경읽기표를 따라 함께 묵상한다면, 묵상하는 행위 자체가 하나님 의존과 함께 공동체 속에서의 상호 의존을 훈련시킨다. 즉 오늘 묵상 속에서 어떠한 새로운 깨달음과 결단이 있었는지도 중요하지만, 큰 그림에서 볼 때 무엇보다 중요한 것은 묵상하는 행위 자체다. 그래서 시편 기자는 "여호와의 율법을 즐거워하여 그의 율법을 주야로 묵상"하는 것 자체가 복 있다(시 1:1-2)고 선언한다.

묵상은 하나님을 향한 우리 몸의 약속이다. 말씀을 펴

고 하나님을 만날 시간과 장소를 정하는 것이 중요하다. 이때 묵상 속에서 몸이 보내는 물리적 시간의 중요성을 간과하지 말아야 한다. 10분을 만나 할 수 있는 이야기가 있는가 하면, 한 시간이 있어야 할 수 있는 이야기가 있다. 그 인격적 교제의 깊이는 다를 수밖에 없다. 대부분의 묵상이 묵상 준비 단계에서 끝나는 이유가 여기에 있다. 깊은 교제로 들어갈 몸의 준비가 되기 전에 많은 이들의 묵상은 끝이 난다.

묵상, 우리를 형성하는 하나님의 약속

우리가 하나님과 교제하기 위해 우리 몸을 드리기로 약속하면, 하나님은 묵상을 통해 우리를 형성하신다. 구약 시편 속에는 깊고 풍성한 묵상의 세계와 그로 인해 형성된 사람들의 내면이 기록되어 있다. 특히 시편 1편은 묵상하는 사람들을 형성해 가시는 하나님의 약속이 담겨 있다. 시편 1편의 풍성한 그림 언어들을 중심으로 묵상의 약속에 대해서 생각해 보자.

1) 묵상, 현실을 통찰하는 안목

시편 1편은 사람들이 부러워하는 어떤 이들의 실체를 폭로하는 것으로 시작한다. 우리는 대단한 꾀를 내어 성공하는 사람들을 부러워한다. 편법적인 길을 가서라도 자기 목적을 달성하는 사람들을 선망한다. 버젓한 자리에 올라 다른 사람을 내려다보는 이들을 우러러본다. 그것이 옳은지 그른지는 모호해 보인다. 이때 시인은 그들의 실상을 직시한다. 그것은 '악인들의 꾀', '죄인들의 길', '오만한 자들의 자리'라고(1:1) 통찰한다. 그렇게 성공한 것은 처세술이 뛰어난 것이 아니라 악한 것이라고, 남들이 다 가는 굽은 길로 가는 것은 융통성이 뛰어난 것이 아니라 죄를 범하는 것이라고, 높은 자리에서 다른 사람들을 하대하는 것은 출세한 것이 아니라 천박한 것이라고 확신한다. 시인은 결정적으로 그들이 "바람에 나는 겨와 같다"(1:4)고 폭로해 버린다.

시편 1편이 언제 기록되었는지 정확히 알 길은 없으나, 이 시는 바벨론 포로기 이후의 이스라엘 영성 형성에 큰 영향을 주었음에 틀림이 없다. 하나님이 보호하시는 이스라엘이 바벨론에 패하고 하나님이 거하시는 예루살렘 성전이 파괴된 것도 충격적이지만, 포로로 잡혀가 목격한 바벨론 제국의 번영은 이스라엘 백성에게 또 다른 충격을 주었다. 물질적 풍요에 목말라 있던 이스라엘 백성은 '바벨론화'되기 시작했다. 시편 1편의 시인은 이러한 상황 속에서 바벨론의 실상을 폭로한다. 사실 '바벨론은 풀 한 포기 자라지 못하는 광야요, 바벨론 사람들은 광야의 바람에 나는 겨'와 같다. 바벨론의 이러한 실상을 직시할 수 있는 이는 누구인가? 그는 다름 아닌 '여호와의 율법을 즐거워하여 그의 율법을 주야로 묵상하는 자'다(1:2).

묵상은 우리에게 현실을 통찰하는 안목을 제공한다. 하나님 면전에 앉아 하나님 말씀을 읽었을 뿐인데, 우리는 보이는 것이 전부가 아니라는 점을 다시 깨달는다. 바벨론의 물질적 번영이 그 자체로 나쁜 것도 아니고 또 우리에게 필요한 것이기도 하지만, 그것에만 의지할 때 우리를 무너지게 만든다는 점을 깨닫게 한다. 물질적 번영을 의미 있게 만드는 더 큰 무언가가 있어야 함을 깨닫는다. 시인은 결국 "악인들이 심판을 견디지 못하며, 그들의 길이 망할 것이라"(1:5-6)고 통찰한다.

2) 묵상, 세상이 흔들 수 없는 정체성

풀 한 포기 자라지 못하는 광야에 필요한 것이 있다면, 그것은 바로 물길이다. 시인은 그 광야에 시내가 흐르고 그 수맥에 깊이 뿌리내린 한 그루의 푸른 나무를 그려 낸다. 여호와의 율법을 주야로 묵상하는 자는 바로 이 시냇가에 심은 나무와 같다. 묵상하는 이들이 시냇가에 심은 나무라면, 여호와의 율법은 그 물길과 수맥이다. 시인은 하나님의 말씀에 깊이 뿌리내린 한 사람을 상상한다.

천지창조부터 시작하는 구약 율법 이야기 속에는 하나님이 이스라엘에게 베푸신 은혜, 언약적 관계, 이스라엘의 소명, 이스라엘의 구별된 삶, 그들을 통한 하나님의 목적이 고스란히 담겨 있다. 율법 이야기는 이스라엘 백성이 자신과 세상을 이해하는 패러다임이다. 성전이 파괴되고 이스라엘이 바벨론에 포로로 잡혀와 있는 지금, 감사하게도 그들에게는 아직 율법이 남아 있다. 율법 이야기가 낭송되고 묵상되는 한, 하나님의 회복과 이스라엘의 소명 이야기도 계속된다. 무엇보다 광야 같은 곳에서도 하나님을 만나는 이들이 끊어지지 않는다. 다니엘과 세 친구, 에스라, 느헤미야, 에스더는 그 몇몇 예들에 불과하다.

뿌리 깊은 나무가 바람에 흔들려도 넘어지지 않듯이, 하나님의 말씀에 깊이 뿌리를 내리고 있는 이들은 세상이 흔들어도 넘어지지 않는다. 묵상은 우리에게 이러한 말씀 중심의 정체성을 형성한다. 교육과 구직, 결혼과 출산, 주거와 노후를 걱정해야 하는 한국 사회 속에 살면서 어떻게 하나님 나라의 복음에 깊이 그리고 체계적으로 뿌리내리는 일에 몰두할 수 있냐고 반문할지 모르겠다. 그럴수록 우리는 깊은 수맥에까지 뿌리를 내려야 한다. 광야에 필요한 것은 물길이다. 그 물길에 뿌리를 대고 있어야 생존할 수 있고 큰 나무로 자랄 수 있다.

3) 묵상, 대안적 삶의 열매들

묵상을 통해 형성된 흔들리지 않는 정체성은 무엇을

가능케 하는가? 그 정체성은 삶의 열매들을 통해 나타나기 마련이다. 시인은 이제 시냇가에 심은 나무가 계절을 따라 열매를 맺으며 그 잎사귀가 마르지 아니하는 모습을 상상한다(1:3). 하나님의 말씀을 묵상하는 자가 맛볼 복과 형통에 대해 말한다. 묵상을 통해서 현실을 통찰하는 안목을 얻고 흔들리지 않는 정체성을 얻은 사람들이 맺는 삶의 열매들은 무엇인가?

먼저 그들은 바벨론식 복과 형통에 저항한다. 그것이 악인들의 꾀요, 죄인들의 길이요, 오만한 자들의 자리라는 것을 직시한 이상, 시인은 그 꾀를 따르지도 그 길에 서지도 그 자리에 앉지도 않겠다고 저항한다. 그렇게 저항하고 손해 보는 것이 오히려 복되다고 선언한다(1:1). 시인이 말하는 복의 핵심은 '여호와로부터 인정을 받는 것'이다(1:6). 이 복은 하나님과 깊이 교제하면서 하나님에게서 신뢰를 받을 때 충만해지는 기쁨이다. 그렇기 때문에 하나님과의 교제로 인도하는 여호와의 율법과 그 묵상을 즐거워하는 것은 당연하다. 그들에게 묵상은 의무가 아니라 특권이다.

자연스럽게 묵상은 구별된 삶을 낳는다. 이것은 그리스도인들의 삶의 목표가 어디에 있는지 선명하게 보여준다. 우리는 하나님과 교제하며 하나님의 성품을 닮아가도록 지음받은 하나님의 형상이다. 묵상을 통해, 우리는 하나님이 거룩하신 분이며, 우리 또한 그분을 닮아 가도록 연습해야 한다는 점을 되새긴다.

이렇게 하나님을 닮아 가는 삶은 결국 하나님에 대한 증언이 된다. 성경은 세상을 회복하기 위해 친히 일하시는 하나님 앞에 우리를 세운다. 그분은 또 다른 사람들을 회복하기 위해 당신의 사람들을 세상으로 보내신다. 자신의 자리에서 먼저 하나님의 회복을 경험한 이들의 구별된 삶은 하나님의 세상 회복이 무엇인지에 대한 최고의 증언이다. 이들은 보냄받은 곳에서 자신들만의 열매와 잎사귀로 하나님을 증언한다. 묵상은 묵상자 자신과 그의 삶에 대한 이해를 더 선명하게 만든다. 삶의 목표를 새롭게 하고, 끊임없이 성장해야 할 이유를 말해 준다. 더 나아가 구별된 삶을 꿈꾸는 다른 사람들을 만나 그들과 더불어 살아가는 공동체를 이루게 할 것이다. 시인은 이를 '의인들의 모임'(1:5)이라 부른다. 시냇가에 심은 나무가 숲을 이룬 셈이다. 현재의 삶에서 공허함을 느끼는 사람들은 이 공동체가 함께 살아가는 삶을 대안적 삶이라 부르게 될 것이다.

4) 묵상, 다음 단계의 삶을 여는 비전

하나님은 새로운 시대를 열어 주시는 과정에서 말씀을 사용하신다. 바벨론 포로기 이후를 살아가는 이스라엘 백성에게도 그러했다. 성전이 파괴된 이후, 이스라엘 땅을 떠나 포로로 잡혀온 상황에서도 그들의 손에는 여전히 하나님의 말씀이 있었다. 여호와의 말씀을 붙잡는 그 행위는 놀라운 신앙의 전환점을 마련하는데, 가시적인 성전 중심의 종교에서 비가시적인 말씀 중심의 종교로의 전환이 그것이다. 유대인들은 "여호와께서 성전에 계신다"는 고백에서 "두세 사람이 여호와의 율법을 읽는 곳에 하나님이 함께하신다"는 고백으로 전환한다. 말씀 자체이신 예수님은 두세 사람이 자신의 이름으로 모인 곳에 함께하겠다고 약속하심으로 또 다른 시대를 열어 주셨다.

말씀을 가르치고 배우며 묵상하는 것을 중심으로 하는 신앙으로의 전환은 몇 가지 변화를 동반했다. 유대인 공동체 가운데 말씀을 더 잘 배우고 가르치기 위한 회당이 세워졌다. 그들의 신앙은 더 다양해지고 민주화되었다. 성전 종교는 불가피하게 제사장이라는 종교 권력을 만들어 냈지만, 두세 사람이 말씀을 읽는 곳에 하나님이 계신다는 이해는 종교의 패턴을 혁명적으로 바꾸고 개인과 하나님에 대한 이해를 새롭게 했다. 우리는 포로기 이후의 이스라엘 백성뿐만 아니라, 교회사 속에서 다시 말씀에 뿌리내리려 했던 많은 신앙의 선배들을 알고 있다. 말씀은 그들에게 여지없이 다음 단계의 삶을 열어 주었다.

굳이 팬데믹 이후 우리 시대의 상황과 필요를 언급하지 않더라도, 말씀 중심의 신앙 공동체는 구약 이스라엘과 신약 초대교회가 보여 주는 하나님 백성 공동체의 원형이다. 그들은 하나님의 말씀 속에서 다음 단계의 삶을 위한 비전을 얻었다. 예레미야는 이스라엘 백성에게 포로로 잡혀와 머물게 된 성읍의 안녕을 위해 기도하라고 명령하면서, 그들을 통해 바벨론 백성이 복을 얻게 될 것이라고 약속한다. 오래된 말씀 속에 기록된 아브라함 언약이 성취될 땅은 다름 아닌 바벨론이라는 새로운 비전을 제시한다. 다음 단계의 삶을 말씀에서 찾아낸 것이다.

닫는 말: 묵상, 일상 속의 초월과 신비

현실의 삶만을 응시하던 우리는, 말씀을 펴면서 두 세계를 동시에 읽는다. 일상 위에 임하는 초월적 하나님의 신비를 함께 본다. 묵상을 통해 우리는 우리 정체성이 세상의 통제권 너머에 있음을 확인한다. 마침내 다른 삶을 꿈꾸고 다음 단계의 삶을 상상한다. 묵상할 때 펼쳐지는 이 새로운 세계로 들어가는 비법은 다름 아닌 묵상을 '하는' 것이다.

묵상,
성경이
목적하는
세상을
꿈꾸는 것

김영봉

묵상은 혁명이다

충남대학교에서 경영학을 공부하고 감리교신학대학원에서 목회학석사 학위를 받았다. 미국 SMU 퍼킨스신학대학원에서 신약학을 공부했고, 캐나다 맥매스터대학교에서 신약학으로 박사 학위를 받았다. 현재는 미국 버지니아주에 있는 와싱톤사귐의교회를 섬기고 있다.

시간을 바쳐 삶을 드린다

'묵상'은 일상의 활동을 멈추고 하나님 앞에 머물러 서는 것으로 시작한다. 물론, 묵상의 습관이 몸에 배면 활동하면서도 할 수 있다. 하지만 그런 사람에게도 모든 활동을 멈추고 하나님 앞에 머물러 서는 시간이 필요하다. 멈춰서 눈을 감아야 비로소 보이는 것이 있고, 귀를 막아야 비로소 들리는 소리도 있기 때문이다. 그래서 하나님은 "너희는 가만히 있어 내가 하나님 됨을 알지어다"(시 46:10)라고 하셨다. 우리 몸에는 활동을 지속하려는 관성이 있다. 그대로 두면 우리 몸은 지칠 때까지 부단히 움직인다. 마음을 정하여 몸을 정지해야 하는 이유다.

하나님과의 사귐을 위해 시간을 가지려면 일상의 활동을 멈춰야 한다. 그것은 하나님께 시간을 바치는 행동이다. 무엇을 누군가에게 바친다는 말에는 특별한 의미가 있다. 그 의미에 대해 소설가 이승우는 이렇게 말한다.

> 사랑하지 않는 무엇이나 누구를 '바치는' 것은 본질적으로 불가능하다. 사랑하지 않는 것을 누군가에게 주는 행위는 바치는 것이 아니라 버리는 것이기 때문이다.
> 바치는 모습을 취하고 있더라도 그것은 바치는 것이 아니다. 버리는 것이라고 늘 쉽지만은 않지만 바치는 것은 정말로 어렵다. 자기를 주는 상징적 표현이 바치는 것이기

때문이다. 자기를 주는 상징적 표현으로 자기가 사랑하는, 자기에게 속해 있으나 자기보다 소중한, 소중하게 여기는 무엇이나 누구를 주는 것이 바치는 것이기 때문이다.

(이승우, 『사랑이 한 일』, 문학동네, 99쪽)

참된 묵상은 나의 가장 소중한 시간을 하나님께 바치는 매일의 제사여야 한다. 전통적으로 신앙인들은 하루의 첫 시간을 하나님과의 사귐에 바쳤다. 또한 충분한 시간을 떼어 바쳤다. 하나님이 자신에게 그만큼 중요하기 때문이다. 버려도 괜찮은 시간에, 없어도 되는 만큼의 시간 동안만 묵상을 한다면, 그것은 시간을 바치는 것이 아니라 버리는 것이다. 하나님이 그만큼 의미 없는 존재라는 뜻이다. 그런 묵상은 하나의 형식이 되어 버리고, 아무런 유익도 되지 못한다. 하나님과의 사귐을 위해 성별해 바친 시간에 우리는 육신의 눈을 감고 마음의 눈으로 하나님을 향한다.

묵상을 뜻하는 영어의 메디테이션(meditation)은 라틴어 메디타티오(*meditatio*)에서 나왔는데, 그것은 바른 자세를 하고(*med*) 무엇엔가 집중하여 깊이 생각하는 것을 가리킨다. 묵상을 의미하는 또 다른 영어 단어인 컨템플레이션(contemplation)은 '함께'를 의미하는 접두어(*con*)와 '성전'을 의미하는 단어(*templum*)가 결합된 라틴어에서 유래한 것으로, 성전에 모여 예배하는 행동을 가리킨다.

한자어의 묵상(默想)은 말없이 생각한다는 뜻이다. 시편 1:2에서 사용된 히브리어 '하가'는 낮은 소리로 중얼거리는 행동을 가리킨다. 이 모든 어의를 종합한다면, 묵상은 어떤 대상에 집중하여 그 뜻을 음미하는 것을 말한다. 그 과정에서 낮은 소리로 중얼거리기도 하고 무엇인가 깨달았을 때는 환호성을 지르기도 한다

그렇다면 '그 무엇'은 무엇인가? 그것은 하나님일 수도 있고, 그분의 성품일 수도 있으며, 그분이 하신 일일 수도 있고, 그분의 말씀일 수도 있다. 혹은 이 세상에서 일어나는 일일 수도 있고, 자신에게 일어난 혹은 일어나고 있는 일일 수도 있다. 하나님 앞에 머물러 앉아 성령의 조명을 받아 생각하면 그 대상이 무엇이든 묵상이 된다. 생각하되 오래, 깊이 생각해야 한다. 그렇게 생각을 하다 보면, 하나님 편에서 내 생각의 커튼을 열어젖혀 주신다. 그럴 때면 하늘이 열리는 것 같은 희열을 느낀다. 그런 경험 때문에 다윗은 "하나님이여 주의 생각이 내게 어찌 그리 보배로우신지요 그 수가 어찌 그리 많은지요 내가 세려고 할지라도 그 수가 모래보다 많도소이다"(시 139:17-18)라고 했다.

이렇게 할 경우, 묵상은 혁명이라고 이름 짓기에 전혀 지나치지 않다. 한자어 '혁명'(革命)은 하늘의 명을 받아 왕조를 바꾼다는 뜻의 중국 고사에서 나왔다고 한다. 왕조가 바뀌는 것은 삶의 조건에 근본적인 변화가 일어난

다는 뜻이다. 혁명을 뜻하는 영단어 레볼루션(revolution)은 '뒤로 돌리다'(roll back)라는 뜻의 라틴어 레볼루티오(*revolutio*)에서 나왔는데, 천체가 정해진 궤도를 따라 원래의 위치로 돌아가는 것을 가리키는 말이었다고 한다. 현대에 이르러 이 단어는 주로 정치적, 사회적 변화를 가리키는 말로 사용된다. 하지만 이 말은 어떤 근본적인 변화를 가리키는 비유로도 자주 사용된다. 이런 의미에서 나는 묵상을 혁명이라고 정의한다.

일상에 만드는 성소

묵상을 혁명이라고 정의하는 첫 번째 이유는 묵상이 일상의 활동에서 중심이 되려면 삶에 혁명적인 변화가 일어나야 하기 때문이다. 현대인의 삶의 특징은 '쫓김', '밀려다님' 그리고 '찢김' 이라는 말로 표현된다. 사실 그것은 아담의 타락 이후에 인간에게 삶의 기본 조건이 되었다. 피조물인 인간은 하나님을 구심점으로 삼을 때 비로소 방향이 바로 서고 질서가 잡힌다. 그럴 때 하나님의 속도에 보폭을 맞추어 견고하게 한 방향을 향해 나아갈 수 있다. 하나님을 떠나면 인간은 구심력을 잃고 환경 조건에 따라 이리 휘둘리고 저리 끌려다닌다. 바울 사도는 2천 년 전에 이미 그 상황을 이렇게 묘사했다.

이는 우리가 이제부터 어린아이가 되지 아니하여 사람의 속임수와 간사한 유혹에 빠져 온갖 교훈의 풍조에 밀려 요동하지 않게 하려 함이라. (엡 4:14)

"밀려 요동하다"라는 말은 나무토막이 파도의 일렁임에 따라 정처 없이 밀려다니는 상황을 묘사한다. 하나님에게 닻을 내리지 않은 존재는 상황에 의해 혹은 타락한 마음의 욕망을 따라 쫓겨 다니고 밀려다니게 되어 있다.

그런 상황이 현대에 와서 더욱 심해졌다. 알람 소리에 화들짝 깨어 일어나 하루 종일 하나의 일에서 다른 일로 밀려다니다가 지쳐서 잠에 빠지는 것이 현대인의 일상이 되어 버렸다. 그런 일상이 반복되다 보면 마음은 천 갈래 만 갈래로 찢기고 그 마음을 따라 좌충우돌하다 보면 심신도 지쳐 버린다. 토머스 머튼은 오래전에 이 현실을 꿰뚫어 보고 다음과 같이 썼다.

피상적으로 살면서 언제나 자기의 바깥에 있는 바람에 한시도 자기 자신과 '함께'하지 못하고, 일관성 없이 분산되어 있는 계획과 일정으로 인해 자아가 여러 갈래로 찢길 때, 우리는 우리가 진실로 원하지 않는 일들을 행하고 마음에도 없는 말들을 내뱉으며 필요하지도 않은 것들을 추구하고, 우리 삶에 아무런 가치도 없음을 알면서도 그런 것들을 얻기 위해 우리 자신을 소모한다.

(Thomas Merton, *Essential Writings*, Orbis Books, 77쪽)

현대에 이르러 마음의 질환이 급증하는 이유 중 하나가 여기에 있다. 조현병과 우울증 혹은 조울증은 옛날부터 있었고, 그 원인은 다양하고 복잡하다. 하지만 최근 몇 십 년 동안 마음의 질환이 더욱 심해지고 흔해졌다. 그것은 현대적 삶의 성격과 무관하지 않다. 쫓김과 밀려다님과 찢김의 현상이 심해질수록 마음은 쉽게 병들고 몸은 제 기능을 하지 못한다.

우리는 모두 성장하는 동안 이러한 생활 습관에 물들어 버린다. 모두가 이렇게 살고 있기 때문에 당연한 것으로 생각한다. 자신도 의식하지 못하는 사이에 몸에 밴 습관은 쉽게 고쳐지지 않는다. 따라서 묵상의 습관을 익히는 것은 몸에 밴 관성과 싸우는 일이며, 현대 문화와 싸우는 일이다. 그 싸움은 가히 혁명적이다. 혁명에는 늘 구습에 젖은 세력의 저항이 있는 법이다. 우리 몸의 관성은 집요하고 삶의 상황은 녹록치 않다. 매일 가장 좋은 시간을 떼어 모든 활동을 멈추고, 하나님 앞에 충분한 시간 동안 머물러 앉아 마음을 하나님께 조율하고, 말씀을 읽고 묵상하며 그분의 음성에 귀 기울이는 것이 매일의 습관이 되게 하려면 매일 이 싸움을 반복해야 한다.

그래서 바울 사도는 디모데에게 "경건에 이르도록 네 자신을 연단하라"(딤전 4:7)고 권면했다. 여기서 '연단하다'로 번역된 헬라어 '굼나조'는 운동선수나 군인이 받는 훈련을 가리키는 말이다. 그 정도의 강도 높은 훈련이 아니고서는 이미 몸에 밴 관성을 거슬러 하나님 앞에 조용히 머물러 있을 수 없기 때문이다.

내면에 일어나는 혁명

묵상이 혁명인 또 다른 이유는 묵상으로 인해 우리의 내면에 일어나는 변화 때문이다. 쫓기고 찢기고 밀려다녔던 일상을 멈추고 하나님 앞에 머믈러 앉는 습관을 몸에 익히는 것이 외적 혁명이라면, 묵상을 통해 우리의 존재에 일어나는 변화는 내적 혁명이라 할 수 있다. 몸의 관성을 거슬러 하나님 앞에 조용히 머물러 앉아 하나님에 대해 생각하고, 그분의 말씀을 묵상하며 그분이 하신 일을 기억할 때, 무질서하게 흩어졌던 우리의 마음은 차분히 가라앉고 하나님을 향해 방향을 잡는다. 마음 안에서 서로 주도권을 잡기 위해 싸우던 거친 욕망들은 힘을 잃고 잦아든다.

우리의 마음에도 '에너지 보존 법칙'이 작용한다. 각자의 마음 안에 있는 에너지의 총량은 동일하다. 마음 안에서 주도권 다툼을 벌이는 수많은 욕망은 더 많은 에너지를 가지기 위해 서로 각축전을 벌인다. 그 싸움에서 이

긴 욕망이 결국 우리의 행동을 지배한다. 우리의 내면에서 '욕망들의 무한 투쟁'이 일어나는 이유는 우리가 마음을 온통 쏟을 대상을 잃어버렸기 때문이다. 하나님은 우리의 마음이 당신에게 조율되어야만 만족하도록 우리를 지으셨다. 그분을 잃으면 우리 마음은 그 어느 것으로도 만족을 얻지 못한다. 하나에 집중되지 못한 마음은 수만 가지의 욕구에 휘둘리고 찢긴다. 묵상은 우리의 마음을 온전히 쏟을 대상 앞에 머물러 앉는 일이다.

하나님에게 우리 마음이 집중되면, 다른 욕망이 사용할 에너지가 고갈되어 버린다. 그 욕망을 제어하기 위해 싸우지 않더라도 마음이 하나님께 향하고 있으면 부정한 욕망이 힘을 잃고 꼬리를 내린다. 그럴 때 마음에 질서가 잡히고 바른 지향점을 갖게 된다. 하나님을 떠난 까닭에 경험해야 했던 실존적인 불안증을 치유받고 온전한 안식을 경험한다. 하나님의 현존 앞에 서면 자신이 몸부림치며 열망하던 것이 무의미하고, 자신에게 정말 필요한 것은 이미 선물로 주어져 있음을 깨닫기 때문이다. 그 결과, 헛된 일에 마음 팔리지 않고 하나님의 뜻을 분별하며 그 뜻을 위해 살아가게 된다. 묵상을 통해 얻은 내적 평안에 대해 다윗은 이렇게 고백했다.

> 여호와여 내 마음이 교만하지 아니하고 내 눈이 오만하지
> 아니하오며 내가 큰일과 감당하지 못할 놀라운 일을 하려고

힘쓰지 아니하나이다 실로 내가 내 영혼으로 고요하고 평온하게 하기를 젖 뗀 아이가 그의 어머니 품에 있음 같게 하였나니 내 영혼이 젖 뗀 아이와 같도다. (시 131:1-2)

이것은 묵상을 통해 하나님과 깊은 사귐에 들어갔을 때 이를 수 있는 경지다. 매일 찾는 묵상의 자리는 이러한 경지에 이르기 위함이고 이러한 상태를 유지하기 위함이다. 우리의 마음은 물체가 아니다. 물체는 어떤 모양으로 만들어 놓으면 그대로 있다. 하지만 물체가 아닌 마음은 상황에 따라 끊임없이 변한다. 하나님의 현존 안에 푹 젖어 젖 뗀 아이와 같은 평안과 안식과 기쁨을 누리는 상태는 한순간에 깨어져 버릴 수 있다. 그렇게 되면 눈빛은 다시 요동치고 손발은 허둥댄다. 부단히 무엇인가를 하는데, 그것이 무엇을 위한 것인지 자신도 알지 못한다.

이렇게 하나님의 품에 든든히 안겨 있을 때 혹은 하나님의 정원에 깊게 뿌리 내리고(시 92:13) 있을 때, 예수님이 산상설교에서 말씀하신 삶의 방식이 가능해진다.

그러므로 염려하여 이르기를 무엇을 먹을까
무엇을 마실까 무엇을 입을까 하지 말라 이는 다
이방인들이 구하는 것이라 너희 하늘 아버지께서는
이 모든 것이 너희에게 있어야 할 줄을 아시느니라
그런즉 너희는 먼저 그의 나라와 그의 의를 구하라

그리하면 이 모든 것을 너희에게 더하시리라. (마 6:31-33)

여기서 '이방인'이라는 말은 하나님을 인정하지 않는 사람들을 가리킨다. "무엇을 먹을까 무엇을 마실까 무엇을 입을까" 염려하는 이유는 더 편안하게, 더 넉넉하게, 더 풍요롭게 살기를 원하기 때문이다. 그런 욕망에 사로잡히면 아무리 많이 가져도 만족할 수 없다. 불안함과 두려움에서 벗어날 수 없다. 먹고 사는 것에 인생을 허비하고 만다. 하지만 깊은 묵상을 통해 하나님의 현존 안에 깊이 잠기면, 하나님께서 모든 필요를 이미 채워 주셨고 또한 채워 주시리라는 믿음을 얻는다. 그렇게 되면 하나님께서 주시는 분복에 자족할 수 있는 비결(빌 4:12)을 배우고 하나님의 뜻을 찾고 그 뜻을 이루기 위해 마음과 시간을 쏟게 된다.

묵상은 삶의 질과 색깔을 바꾼다. 그 어떤 것으로도 만족하지 못하던 내면이 하나님의 현존으로 채워지면 참된 것, 바른 것, 선한 것, 영원한 것을 위해 마음을 쏟고 시간을 드릴 수 있게 되기 때문이다. 이러한 삶의 방식에 대해 바울 사도는 "너희 몸을 하나님이 기뻐하시는 거룩한 산 제물로 드리라"(롬 12:1)고 했고, 또한 "너희가 먹든지 마시든지 무엇을 하든지 다 하나님의 영광을 위하여 하라"(고전 10:31)고도 했다. 그렇게 사는 사람은 바울 사도가 "달음질하기를 향방 없는 것 같이 아니하고 싸우기를 허공을 치는 것 같이 아니하며"(고전 9:26)라고 한 것처럼 견고한 걸음으로 살아간다.

온전한 혁명을 위하여

묵상이 이 세상의 모든 문제에 질끈 눈 감고 하나님 앞에 머물러 앉기를 택하는 것이라고 오해하는 이들이 많다. 하지만 묵상은 현실로부터 도피하여 영적 황홀경 안에 침잠하기를 추구하는 것이 아니다. 현실에 대해 잠시 눈 감는 것은 하나님의 눈으로 현실을 보려는 노력이다. 세상일로부터 잠시 등 돌리고 하나님의 현존 안에 머무르는 이유는 다시 세상으로 나아가기 위함이다. 진정한 의미에서 묵상은 실천을 위한 것이고, 실천이 좋은 열매를 맺으려면 묵상에서 그 방향과 이유와 방법이 나와야 한다. 그런 점에서 묵상은 참된 혁명을 가능하게 하는 힘이다.

아삽은 부조리하고 불의한 현실로 인해 심한 혼란을 경험했다. 하나님을 의지하며 선하고 의롭게 살아가는 사람들은 밀려나고 도태되는데, 하나님을 무시하고 거침없이 죄악을 저지르며 사는 사람들은 오히려 승승장구하는 것으로 인해 그의 믿음이 뿌리째 흔들렸다. 그래서 그는 "나는 거의 넘어질 뻔하였고 나의 걸음이 미끄러질 뻔하였으니"(시 73:2)라고 고백한다. 믿음의 길에서 넘어지고 미끄러질 뻔했다는 뜻이다. 그 영적 위기를 넘긴 후에 그는 이렇게 고백한다.

> 내가 만일 스스로 이르기를 내가 그들처럼 말하리라 하였더라면 나는 주의 아들들의 세대에 대하여 악행을 행하였으리이다 내가 어쩌면 이를 알까 하여 생각한즉 그것이 내게 심한 고통이 되었더니 하나님의 성소에 들어갈 때에야 그들의 종말을 내가 깨달았나이다. (시 73:15-17)

아삽은 하나님을 향한 믿음을 잃고 다른 사람들처럼 이 세상에서 잘 먹고 잘 사는 편에 속하기 위해 죄악에 손을 담글 뻔했다. 하지만 그는 성소에 들어가서야 그 위기에서 벗어났다. 성소에 들어가자 자동적으로 그런 일이 일어났다는 뜻은 아니다. 성소에 들어갔다는 말은 하나님의 현존 앞에 나아갔다는 뜻이다. 하나님의 눈으로 현실을 보게 되었다는 뜻이다. 그때에야 그는 지금 그의 눈에 보이는 것이 전부가 아님을 알 수 있었다. 그로 인해 흔들리는 걸음을 바로잡고 의의 길로 올곧게 걸어갈 수 있었다.

묵상은 하나님을 향한 믿음을 깊게 해 주고 그분의 뜻을 따라 살아갈 수 있도록 붙들어 줄 뿐 아니라, 이 세상을 진실하게 섬길 수 있게 해 준다. 묵상은 하나님의 절대적이고 완전한 정의를 보게 하고 그것을 소망하게 만든다. 그 완전하고 영원한 정의는 새 하늘과 새 땅이 임할 때 이루어질 것이다. 묵상은 그 미래를 보게 하고 믿게 하고, 그 절대적인 기준을 위해 헌신하게 만든다. 그런 까닭에 참되게 묵상하는 사람은 현실에 만족할 수가 없다. 묵상하는 사람은 언제나 배고픔을 느낀다. 하나님의 기준으로 보면, 현실 세계는 늘 부족하기 때문이다. 그렇기에 자신이 선 자리에서 자신의 능력이 닿는 범위에서 하나님의 절대적인 기준을 향해 나아가도록 헌신한다.

그런 사람은 이 세상이 감당할 수 없는 사람이 된다(히 11:38). 하지만 이런 사람만이 이 세상을 위해 진정한 유익을 끼칠 수 있다. 개인적 묵상(personal contemplation)과 사회 운동(social activism)을 겸비해 살았던 토머스 머튼은 이 점에 대해 이렇게 적었다.

> 자기 이해와 자유와 정직과 사랑의 능력을 묵상을 통해 심화시키지 않은 채 다른 사람 혹은 세상을 위해 무엇인가 하려는 사람은 다른 사람에게 아무것도 주지 못할 것이다. 그가 줄 수 있는 것은 집착, 공격성, 자기중심적인 야망, 수단과 방법에 대한 착각, 교조화된 편견, 사상의 오염 외에 아무것도 없다. … 그러나 기도와 묵상은 새로운 길과 새로운 지평을 여는 데 매우 중요한 역할을 한다. 만일 우리의 기도가 우리에게 친숙하고 '안전한' 것만 바라는

맹목적인 집착이 아니라 삶의 새로운 가능성을 향한 심오하고도 은혜 가득한 갈망이라면, 하나님은 그 기도를 통해 우리가 상상하지도, 이해하지도 못하는 것을 준비하시고 우리 안에서 그리고 우리를 통해 일하심으로 이 세상을 새롭게 하실 것이다. 이런 방식으로 우리의 기도와 믿음은 지상에서는 완전히 실현될 수 없는 미래를 향하게 한다.

(Thomas Merton, 앞의 책, 86-87쪽)

지난 한 세대 동안 한국 교회에 널리 보급된 큐티식 묵상은 그 나름대로 유익이 많다. 하지만 묵상을 하더라도 개인주의적이고 피상적인 수준에서 만족하면, 세상이 감당할 수 없는 사람이 되는 차원의 깊은 변화는 일어나지 않는다. 그런 묵상은 '교회 오빠' 혹은 '교회 언니' 같은 유순한 신자 유형을 만들어 낼 뿐이다. 고분고분하고 선한 것이 그리스도인의 궁극적인 이상이 아니다. 오히려 진정한 그리스도인이 된다는 것은 고분고분하지 않고 만만하지 않은 사람이 되는 것이며, 죄악을 일삼는 사람들에게 눈엣가시처럼 되는 것이다. 깊은 묵상을 통해 완전하고 절대적인 하나님의 정의를 보고 믿는 사람만이 이런 영성에 이를 수 있다.

따라서 온전한 의미의 묵상은 이렇듯 구습에 젖은 우리의 일상에 일어나야 할 혁명이며, 그로 인해 우리의 마음에 일어나는 혁명이고, 삶의 지향과 소명에 일어나는 혁명이다. 그리고 한 개인의 삶에서 일어나는 이 거룩한 혁명이야말로 이 세상을 변화시킬 온전한 혁명의 시발점이 될 것이다.

김기현

묵상은
저항이다

한국외국어대학교를 졸업하고 한국침례신학대학교에서 기독교철학과 현대영미신학 전공으로 박사 학위를 받았다. 현재 로고스교회 담임목사며, 한국침례신학대학교에서 종교철학과 윤리를 가르치고 있다.

성경은 처음부터 저항의 몸짓이었다. 구약성경에서 가장 핵심적인 사건 하나를 꼽으라면 만장일치로 '출애굽'을 말한다. 출애굽 사건은 명칭에서 보듯, 애굽에 대한 저항에 다름 아니다. 애굽의 가치와 질서를 박차고 나와 광야를 거쳐 가나안 땅에 이르는 일련의 여정이다. 기존 질서와 기성 체제의 부정이 아니었다면, 열 가지 재앙을 내리고, 홍해를 가르며, 구름기둥과 불기둥으로 인도하고, 만나와 메추라기를 먹이는 일은 발생하지 않았을 것이다. 성경은 '저항의 이야기'다.

출애굽은 애굽 체제로부터의 탈출 자체가 목적이 아니었다. 애굽과는 분명 다른 세계를 구축하려고 했다. 일명 대안 공동체다. 요한계시록은 또 어떤가? 조만간 망할 바벨론 땅에서 나오라고 큰 소리로 외친다. 그리고 새 하늘과 새 땅을 염원한다. 그런데 말씀을 읽고 듣고 지키는 자에게 복이 있다는 선언이 시작과 끝에 위치한다(1:3; 22:7).

우리는 세상 속에 있으나 세상과는 다른 방식으로 살아간다. 타국에 파송된 대사(고후 5:20)처럼, 낯선 땅, 이방 땅에서 모국의 정체성을 지닌 거류민으로 산다. 그러므로 저항은 저항에서 그치지 않는다. 저항은 필시 대안 창조로 이어진다. 저항 없는 대안은 공허하고, 대안 없는 저항은 맹목이다. 둘은 동전의 양면, 새의 두 날개와 같다. 하여 묵상은 저항이자 대안이다.

우리 시대는 속도의 시대다. 앞서지 못하면 따라잡히고 금세 뒤처진다. 이기기 위해서 만큼이나 지지 않기 위해 죽어라 달려야 할 판이다. 이를 가장 잘 보여 주는 것이 『마시멜로 이야기』의 한 단락이다. 아프리카의 가젤은 눈을 뜨자마자 달린다. 왜? 배고픈 사자에게 먹히지 않으려면 빨리 달려야 한다. 사자는 나은가? 절대 그렇지 않다. 잠에서 깬 사자도 가젤을 먹기 위해 죽어라 달려야 한다. 늦으면 굶는다. 그래서 가젤도, 사자도 매일매일 죽자 살자 달리고 또 달린다.

사자와 가젤은 너와 나다. 우리나라는 단기간에 눈부신 경제 성장을 이룬 기적의 나라다. 그도 그럴 것이 1950년대 전 세계에서 기아와 기근에 시달리는 아이와 나라를 돕자는 구호 캠페인의 사진은 대개 한국이었다고 한다. 그랬던 우리가 몇 십 년 만에 선진국 대열에 진입했다. 게다가 민주화도 이루었다. 가히 전 세계의 모범이 아닐 수 없다.

잃은 것도 적지 않다. 2002년 한일 월드컵 때 방문했다가 한국에 열광한 한 젊은 영국인이 있었다. 한국에 매료된 그는 몇 년 후 영국 「이코노미스트」 기자로 다시 돌아왔고, 그 외에 다양한 활동으로 무척이나 매력적인 나라에 사는 이방인의 시각으로 책을 한 권 썼다. 제목을 보면 뜨끔하다. 기적을 이룬 나라, 기쁨을 잃은 나라. 누구보다 열심히 달려왔지만, 너무 서둘렀다. 물질적인 가치 이상의 무언가를 놓치고 만 것이다. 훨씬 잘살지만, 누구도 행복하다고 말하지 않는다.

재독 철학자 한병철은 21세기의 현대 사회를 '피로사회'라 명명했다. 이전과 달리 타인, 즉 사장이나 경영주가 억압하거나 착취하지 않아도 자기 스스로 가혹하게 닦달한다. 이제는 제도와 경영주만이 아니라 자기가 자기를 채찍질하고 쥐어짜고 있다. 한시도 쉬지 못하고 일하는 세상이다.

이런 시대에 저항하는 방법은 무엇일까? 한병철은 『시간의 향기』에서 '머무름의 기술'을 배우라고 말한다. 근대 이후로 서구 사회는 노동 중심의 세계였다. 인간이란 노동하는 존재다. 노동을 통해 자연을 개발하고, 우리가 사는 환경을 개선하는 일련의 노력을 인간의 본질이라 규정했다. 노동하는 인간은 헤겔, 마르크스에 이어 초기의 하이데거, 한나 아렌트까지 이르는 길고 긴 사상사를 꿰는 실과 같다.

하지만 인간은 쉴 새 없이 일하는 기계가 아니다. 기계는 '머뭇거리지 않는다.' 생각하지도 않는다. 잠시 멈추고, 돌아보고, 반성하는 것이 사람이다. 그랬기에 파스칼은 '인간은 동물이지만 천사'라고 했다. 동물처럼 욕망하지만, 천사처럼 사유한다. 그래서 그 유명한 "인간은 생각하는 갈대"라는 말이 나왔다.

이를 수도원에서는 "기도하고 노동하라"(*Ora et Labora*)는 말로 표현했다. 노동이 인간의 전부를 규정지을 때, 그리하여 잠시 머물러 묵상하지 않을 때, 우리는 기계와 다를 바 없다. 톨스토이는 자신의 참회록에서 더 강한 어조로 말한다. "성찰하지 않는 삶은 동물이다!"

한시도 가만히 있지 못하던 한 사람이 있었다. '내 안에 내가 너무 많아 쉴 곳 없는' 사람이었다. 내면이 적어도 수천의 자아로 분열되고 파열되었던 사람이다. 그가 예수님을 만나자 가만히 앉아 있다. 예수님의 말씀에 푹 빠져서 듣느라고 말이다(막 5:15). 그는 여러 개의 일을, 아니 수십, 수백의 일을 동시에 처리하느라 제정신을 잃은 현대인의 자화상이다. 속도에 내몰린 한 사람이 예수님을 만나 말씀을 들으니 제자리에 오래오래 머문다. 말씀 묵상 없는 삶은 우리를 군대 귀신 들린 자와 방불한 삶으로 내몬다. 묵상하는 삶은 주의 발아래 고요히 머물러 몰입의 즐거움에 빠진 하나님의 사람이 되게 한다.

교회와 싸우다: 교회에 대한 저항이자 대안

묵상은 비단 시대에 대한 저항에만 머무르지 않는다. 묵상은 방향을 틀어 교회를 보게 한다. 슬프게도 교회 또한 세상과 다르지 않기 때문이다. 우리는 복음의 깃발 들고 세상 한복판에 나아가, 아니 정상까지 올라가 복음의 깃발을 꽂아야 한다고 채근한다. 세상이 변하지 않는 이유는 그리스도인이 세상사에 무관심하고 오로지 영적인 일에만 관심을 쏟은 탓이라고 질책한다. 그러나 문제의 본질은 교회가 세상이 되어 버린 것이다. 세상이 된 교회에 저항하는 확고한 요새는 말씀 묵상이다.

마르틴 루터가 이에 대한 증인이다. 그의 종교개혁 3대 논문은 독일 국민의 가슴에 불을 질렀다. 그중 첫째 것이 "독일 그리스도인 귀족에게 보내는 글"이다. 이 글에서 그는 중세 가톨릭이 하나님과 인간 사이를 가로막는 두꺼운 담을 쌓았다고 고발한다. 영적인 일이 세속의 것에 비해 우월하고 고결하다는 거짓과 위선이 첫째 담이요, 모든 성도가 성경을 해석할 권리와 자유가 있음에도 불구하고 교황이 독점하는 것이 둘째 담이요, 회의, 즉 공의회를 교황만이 소집할 수 있다는 거짓이 마지막이다.

앞의 둘은 '전 신자 제사장(만인 제사장) 원리'에 기초한 비판이다. 소수의 사람만이 아니라 모든 신자가 하나님의 부름을 받아 자기의 일, 즉 직업으로 하나님께 영광 돌린다는 점에서 모든 성도가 제사장이고, 따라서 어떤 사람이나 제도나 기관의 간섭 없이(당연히 도움을 받을 수 있고, 마땅히 도움을 받아야 하지만) 스스로 직접 성경을 읽고 자율적으로 해석할 권리를 누려야 한다. 그것을 하지 못하게 하는 중세 가톨릭에 대한 저항이 종교개혁이었다.

> "그리스도께서는 모든 그리스도인이 다 하나님의 가르침을 받아야 한다고 요한복음 6:45에서 말씀하신다." 그런데도 모든 성도가 성경을 읽는 것을 허용하지 않고 방해하는 이들은 "진실한 그리스도인이 아닐 수 있으며, 또한 하나님의 가르침을 믿지 않고 올바른 이해를 가지지 못할 수도 있다. 한편 보통 사람도 참된 이해를 가질 수 있다."
>
> (『종교개혁 3대 논문』, 컨콜디아사, 30쪽).

한 아버지가 있었다. 그는 성경을 사랑했고, 자신이 사랑하는 것을 자녀들에게도 가르치고 싶었다. 오로지 라틴어 성경만이 진정한 성경이었고 어떤 번역도 불허하던 때다. 해서 남몰래 영어로 번역하여 주기도문을 가르쳤다. 낮말은 새가 듣고 밤말은 쥐가 듣는다 했다. 모국어로 웅얼거리는 소리를 누가 들었던 건지, 하나님의 말씀을 자신의 언어로 듣고 읽는 아이들의 빛나는 얼굴 때문인지, 아무튼 탄로가 났다.

이 사실을 알게 된 중세 교회는 어찌 처결했을까? 당시의 영국 교회와 주교들은 그 일가족을 화형에 처했다. 성경을 번역했다고, 성경을 읽고 가르쳤다고 일가족은 죽임을 면치 못했다. 그러니 루터가 당시의 교회와 교황을 사악한 자들이라고 비난하는 것은 족히 이해된다.

루터는 학술적 논문에서 고상하게 말하는 데서 그치지 않았다. 그는 자신이 말한 대로 성경을 읽었다. 그는 인간이 자신의 구원을 위해 무언가를 행하고 그것을 가질 수 있다는 공로 사상, 업적 신앙에 기초한 거짓 신학에 거친 도전장을 내밀었다. 그것은 그의 깊고 깊은 실존적 경험에서 우러난 것이다. 그는 누구보다 '고행'에 앞장섰고, 누구보다 열심히 '고해'를 하였건단 죄를 떨칠 수 없었다. 그럴수록 하나님은 무섭고 심판하시는 하나님으로 다가왔다. 인간이 결코 도달할 수 없는 지점을 설정하고 그것을 무리하게 요구하는 분이니 말이다. 그런 하나님은 사랑의 하나님, 인간을 용서하는 하나님이 아니었던 거다. 그래서 루터는 그런 하나님을 증오한다는 거친 말도 내뱉는다.

그랬던 그가 성경을 읽기 시작했다. 모든 성경을 읽었지만, 특별히 시편, 갈라디아서와 로마서를 탐독했다. 그동안 교회로부터 받았던 가르침과는 확연히 다른 하나님을 만났다. 인간의 죄를 용서하시는 너그러운 하나님을 만났다. 자기 아들을 아낌없이 희생하고 내어 주신 하나님은 그야말로 '미친 사랑'(crazy love)의 대명사였다. 우리를 끔찍이도 사랑하셔서 당신의 온몸을 우리 구원을 위해 십자가에서 희생한 사랑이었다.

그것이 중세 교회에 맞서 싸우는 동력이 되었다. 그랬기에 보름스 의회에서 자신이 쓴 저술을 부정하고 불태

우면 사면해 주겠다는 강요에 굴복하지 않았다. 종교개혁은 물론이거니와 생사가 달려 있던 절체절명의 시간에 그는 이렇게 외쳤다. "성경의 증거와 명료한 이성에 비추어 저의 유죄가 증명되지 않는 이상, 저는 교황들과 교회 회의 권위를 인정하지 않겠습니다… 저의 양심은 하나님의 말씀에 사로잡혀 있습니다… 여기 제가 확고부동하게 서 있습니다. 저는 달리 어찌할 도리가 없습니다"(롤런드 베인턴, 『마르틴 루터』, 생명의 말씀사, 256쪽).

사사키 아타루는 루터의 성경읽기를 혁명이라고, 아니 진정한 혁명 중의 혁명이라는 뜻에서 '대혁명'이라 부른다. "대혁명이란 성서를 읽는 운동입니다. 루터는 무엇을 했을까요? 성서를 읽었습니다. 그는 성서를 읽고, 성서를 번역하고, 그리고 수없이 많은 책을 썼습니다. 이렇게 하여 혁명이 일어났습니다. 책을 읽는 것, 그것이 혁명이었던 것입니다. 반복되지 않으면 안 됩니다"(사사키 아타루, 『잘라라, 기도하는 그 손을』, 자음과모음, 75쪽).

이쯤에서 우리가 주목할 단어는 혁명도 아니고, 성경을 읽었다는 것도 아니다. 반복하지 않으면 안 된다는 말이다. 루터 시대에도 그러했지만, 지금은 더더욱 성경을 읽을 때다. 일주일에 성경 한 번 읽지 않고 교회에 출석하는 이들이 너무 많다. 몸은 개신교 신자이지만 맘과 영은 가톨릭 신자와 하등 다를 바 없다. 성경을 읽는 것은 우리 시대의 교회에 저항하는 일이며, 성경을 묵상하는 사람은 교회를 교회 되게 하는 혁명의 일원이다.

자신과 싸우다: 자신에 대한 저항이자 대안

지금까지는 너무 큰 이야기만 했다. 시대에 역행하고, 교회를 개혁하는 일이 성경 묵상이라는 말은 평범한 성도에게는 너무 먼 이야기로 들렸을 법하다. 이제는 우리 각자에 대해서 말해 보자. 성경 묵상이 시대와 교회를 바로 세우는 일이라고 아무리 외쳐도 정작 나 자신이 묵상하지 않으면 무슨 소용 있으랴. 이제 성경 묵상이 나를 변화시킨다는 점을 보자.

성 아우구스티누스는 참으로 지난한 방황을 통과했다. 어머니의 신앙을 받아들이기를 거부하고 오랫동안 마니교에 심취했다가 회의주의를 거치고 신플라톤주의를 디딤돌 삼아 마침내 하나님의 사람이 되었다. 한때 기독교 신앙에 관심을 두고 기웃거리며 성경을 읽었다. 그런데 당대 최고의 수사학자인 그의 눈에 비친 성경의 문체는 그리 탁월하지 못했다. 성경이 지닌 힘은 문체가 아니라 역사이고, 문자가 아니라 영이며, 온 존재를 변화시키는 능력임을 후일에 깨닫게 될 터다. 그리하여 '나는 당신을 너무 늦게 사랑하게 되었다'는 고백을 드린다.

그는 마니교의 헛됨과 철학의 한계를 절감하고 자신을

구원하는 것이 예수 그리스도임을 깨닫고 신자가 되기 위해 몸부림친다. 그러나 세상의 욕망에서 헤어나지 못한다. 한편으로는 그것을 계속 즐기고 싶고, 다른 한편으로는 그것의 악함과 헛됨을 잘 알기에 탐닉하는 자신이 싫다.

아우구스티누스는 하나님께 이르지 못하도록 하는 근본 원인으로 '습관'을 지목한다. 몸에 밴 버릇은 하나님에게로 향하려는 그의 마음을 꺾고 세상으로 돌리게 했다. 이는 인간 이해와 연결된다. 인간은 지성적 존재이기는 하지만 그것으로 환원되지 않는다. 정서와 의지의 차원도 있을 뿐만 아니라, 지성을 결정하는 것은 습관이다. 생각한 대로 행하지 않고, 습관대로 행한다. "그 죄의 법이란 다름 아닌 습관의 폭력으로서 이로 인해 인간의 마음은 자신의 의지에 역행해서까지 붙잡혀 있기도 하고 가기도 합니다. 그러나 인간이 그렇게 붙잡히게 된 것도 처음에는 스스로 원해서 습관화된 것이니 핑계할 수 없습니다"(아우구스티누스, 『고백록』, CH북스, 8권 5장 12절). 우리는 저 인용구에서 습관이라는 단어 못지않게 폭력에도 주목해야 한다. 다른 곳에서 '습관화된 악'이라고 말한 아우구스티누스는 잘못 길들여진 습관이 악이며, 자기 자신에게 가하는 무지막지한 폭력의 일종이라고 말한다.

습관의 폭력과 죄악으로부터 자유로워진 계기는 '성경

읽기'였다. 그가 무화과나무 그늘이 드리워진 정원 한구석에서 울고 있던 때였다. 죄악에 진저리치면서도 즐기기를 마다하지 않는 자신의 참상에 애잔하게 울던 그에게 "들고 읽어라, 들고 읽어라"(*tolle lege, tolle lege*) 하는 음성이 들린다. 얼른 일어나 좀 전에 읽은 책을 펼쳤다. '방탕하지 말고 육체를 따라 살지 말고 예수 그리스도로 옷 입으라'는 로마서 13:13-14 말씀이었다. 그 말씀을 읽은 아우구스티누스는 이렇게 고백한다. "그 구절을 읽은 후 즉시 확실성의 빛이 내 마음에 들어와 의심의 모든 어두운 그림자를 몰아냈습니다."

묵상으로 자신을 넘어선 사람과 묵상 없이 바람에 날리는 겨처럼 살았던 성경 속 두 사람이 묵상의 힘을 실증한다. 다윗과 사울이다. 사울은 다윗에 대한 열등감과 열패감에 빠져든다. 다윗을 제거하는 것이 일평생의 소명이 되었다. 사울은 다윗을 한시라도 바삐 제거하는 것에 골몰했다. 한 국가 안에 두 명의 군주가 있을 수 없기에, 내가 살기 위해서는 다윗이 죽어야 하고 다윗이 살면 내가 죽는 거다.

이는 사자와 가젤의 세계관이다. 블레셋이라는 외적을 막고 내정을 강화해야 할 군왕이 정적 숙청에 온 힘을 기울이는 동안 나라는 기울어 갔다. 그는 자신의 미친 행동을 성찰할 시간이나 속도를 늦출 여유가 전혀 없었다. 그리하여 그는 다윗에게 창을 던졌고, 그 창은 부메랑이 되어 제 가슴을 찔렀다.

반면 다윗은 사울로부터 언제나 도망 다녀야 했다. 그 긴박한 와중에도 사색하는 시간을 잊지 않았다. 다윗이라고 해서 사울에 대한 분노와 증오가 없을 리 만무하다. 시편에 저주시가 50편이 넘는다. 자신의 정적을 미워한다는 점에서 다윗은 사울과 다르지 않다. 차이가 있다면 묵상의 유무다. 시편 1:1-2에서 다윗은 노래한다. 참으로 복된 사람은 하나님의 말씀을 주야로 묵상하는 자라고. 사울은 원수를 묵상했지만, 다윗은 주님을 묵상했다. 원수를 주야장천 묵상한 사울은 만인의 원수가 되었지만, 주님과 말씀을 주야로 묵상한 다윗은 만인의 칭송을 받았다.

시편 1:2에 나온 대로, 먼동이 트고 눈을 뜬 그 시간부터 저문 해를 뒤이어 마침내 달빛이 온 땅을 은은히 비추는 그 시간까지 성경을 읊조리는 바로 그 사람이, 악인과 죄인의 길을 멀리하는 저항의 사람이며 복 있는 사람이다. 묵상은 우리를 바람에 날리는 겨들의 집합에 속하지 않게 하고, 시냇가 심은 나무 공동체로 열매 맺게 한다.

김병년

묵상은
안식이다

IVF에서 15년간 간사로 활동했다. 아픈 아내, 세 자녀와의 복닥거리는 일상 이야기와 말씀 묵상 속에서 발견되는 신앙의 나눔을 여러 권의 책에 담아내 왔다. 2005년부터 다드림교회를 섬기고 있다.

나를 채우는 시간

아반떼에 연료 부족을 알리는 경고등이 켜질 즈음, 연료를 넣으러 이동한다. 연료를 넣을 때마다 계기판은 주행 가능한 거리를 수치로 알려 준다. 새로 채워 넣은 연료로 앞으로 얼마나 더 달릴 수 있는지 미리 계산한 결과를 자동으로 보여 주는 것이다. 연료를 넣는 일은 자동차의 안정적인 운행과 성능 유지, 안전 운전을 위해 대단히 중요하다.

말씀을 '묵상'하는 일은 내 삶에 연료를 공급하는 시간이자, 내 마음의 생각과 감정을 새로이 창조하고 소진된 감정을 정리하는 시간이다. 곧 나를 새롭게 채우고 형성하는 시간이다. 연료 공급은 아반떼를 벤츠로 바꾸지 못한다. 하지만 앞으로도 아반떼를 유용하게 타고 다닐 수 있다. 묵상도 그렇다. 나를 완전히 다른 인물로 바꾸어 놓지는 못한다. 그러나 삶을 대하는 나의 태도를 교정하고, 죽은 감각을 재생시키며, 나로 하여금 새로운 삶에 도전하는 존재로 살아가게 할 수는 있다. 하나님을 만나고 새 힘을 얻기 때문이다.

묵상을 해도 나는 여전히 연약하고 깨어지기 쉬우며 병들고 아픈 존재다. 그러나 묵상은 변화된 신분에 걸맞게 행동하도록 나를 성숙하게 하고, 생각에 지혜를 더해 주며, 사람과 사람 사이를 이어지게 한다. 연료를 태워 움직이는 자동차가 연료 공급 과정에서 주행 가능 거리를 알려 주듯이, 묵상은 나의 정체성, 신분, 행동, 생각, 감정, 의지, 관계뿐 아니라 삶의 토대와 목적지를 정확히 발견하게 한다. 목표에 도달하는 길을 안내하기도 하고, 목적지를 수정하게 하기도 한다. 묵상은 나를 하나님이 준비하신 세계로 이끌어 그곳에서 나를 안식하게 한다. 안식은 하나님을 의존하는 이들에게 주시는 하나님의 선물이다. 묵상을 통해 주어지는 안식 가운데 거할 때 비로소 우리는 자신이 온전한 자임을 깨닫는다.

자동차 연료 탱크의 용량은 제한적이다. 한 번 넣을 때 주입할 수 있는 연료량이 정해져 있다. 한 번의 주유로 '영원히' 달릴 수 있는 자동차는 세상에 없다. 반영구적인 태양열을 연료로 사용하는 자동차라 해도 지속적으로 충전해야 함은 마찬가지다. 제한된 용량의 연료 탱크가 빌 때마다 반복적으로 연료를 넣듯이, 묵상도 늘 반복해야 하는 일이다. 그 반복이 지루할 때도 있다. 그럼에도 인간의 한계를 인정하는 묵상은 바닥을 모르는 '깊은 죄악의 심연' 가운데서 허우적거리는 나를 구원해 주시는 하나님의 동아줄이다. 여전히 미숙하고 깨달음이 부족하지만, 하루하루 주시는 만나를 공급받으며 살아가는 생존의 법을 익힌다. 그날그날 하나님 뜻을 찾으려 애쓰고, 당장 적용거리를 찾아야 한다는 강박에 시달리는 우리에게 묵상은 너그러움을 선물한다.

가령 '무엇이 하나님의 뜻인가?' 하고 물을 때, 과거에는 대체로 이쪽이냐 저쪽이냐 하는 양자택일의 선택지를 두고 씨름해 왔다. 그러나 매일 공급하시는 만나로서의 묵상은 이런 방식의 질문에서 나를 벗어나게 했다. 양자택일의 방식이 아니라 삶의 방향에서 하나님의 뜻을 찾게 한 것이다. 양자택일로 하나님의 뜻을 정하면, 결정한 후에도 마음에 안식이 없었다. 그러나 삶의 방향으로 하나님의 뜻을 깨닫기 시작한 후부터는 마음에 자유가 생기고 여유가 찾아왔다. 응답받지 못한 기도가 내 생애 최고의 은혜가 되었다. 나와 함께하시는 하나님이 내가 누리는 모든 것의 총합보다 크시기에. 그분이 내가 잃은 모든 상실보다 크시기에.

욕망까지 멈추는 쉼

"요즘에는 뭐 하세요?"라는 인사를 받을 때가 있다. 답하기 여간 어려운 질문이 아니다. 그 사람을 만나기 전까지 이어 온 나의 소소한 일상을 묻는 질문이 아니라, 어떤 직장에서 무슨 일을 하는지 묻는 질문이기 때문이다. 그 질문에 "그냥 쉬고 있습니다"라고 답하면 대부분 무직이거나 직장이 없다는 뜻으로 받아들인다. 그렇기에 염려를 담은 안타까운 표정을 보인다. 어떤 때는 '쉬고 있다'

는 말을 '건강이 좋지 않다'는 말로 받아들이기도 한다. 이처럼 우리 문화는 분주하고 바쁘게 사는 사람을 인정하는 반면, 쉬거나 아무 일도 하지 않는 사람을 마치 삶을 허비하는 것처럼 걱정하거나 심지어 비난하기까지 한다.

우리가 쉼을 말할 때, 일반적으로는 물리적인 노동을 멈추는 것을 가리킨다. 그러나 십계명에서 "네 이웃의 소유를 탐내지 말라" 하는 열째 계명은 우리 욕망을 멈추라고 말한다. 따라서 참된 안식은 물리적 노동뿐 아니라 욕망의 부추김을 멈추는 것을 포함한다

하나님은 사람을 창조하신 후, 가장 먼저 '안식하시는 하나님'을 선물로 주셨다. 하나님 자신이 모든 일을 마치고 쉬셨기 때문이다. 그뿐 아니라 시내산 언약을 통하여 주신 십계명의 넷째 계명에서는 '쉬시는 하나님을 기억하라'에서 더 나아가 '이웃도 쉬게 하라'고 명하신다. 즉 사람은 쉼을 통하여 하나님을 의지하고 신뢰하는 법을 배울 뿐 아니라 이웃을 사랑하는 법도 배운다. 쉼 없이는 우리에게 선물로 주신 하나님을 누리지 못할 뿐 아니라 하나님의 사랑에 대한 증인이 될 수도 없다. 하나님은 끊임없는 계획과 경쟁의 삶을 살아가는 우리를 향하여 당신을 신뢰함으로 잠시 멈추라고 말씀하신다. 묵상은 나의 욕구를 채우려는 노동 중심의 생활 방식에서 멈춰 서서 하나님의 은혜를 의지하고 살아가는 존재로 탈바꿈하게 한다. 그리하여 묵상은 날마다 나의 헛된 욕망을 멈

추는 시간이 된다.

세상은 사람을 '호모 오이코노미쿠스'(*Homo oeconomicus*, 경제적 인간)로만 보려고 한다. 즉 사람을 재화(財貨) 중심의 존재로만 판단한다. 창조의 하나님은 일 자체를 즐거움으로 주셨지만, 인류의 타락으로 인해 노동은 괴로움으로 바뀌었다. 이제 노동에서 기쁨을 찾는 것은 불가능해 보인다. 그런데 묵상을 하면 할수록 하나님이 주신 몸을 움직여 노동하고 누군가를 섬기는 기쁨을 누린다. 일을 함으로써 가족을 돌보고 이웃을 구제하는 것, 성실한 노동으로 정직하게 세금을 납부하는 것은 자신을 내어주는 거룩한 성찬이다. 노동이 단순히 재화를 얻는 수단을 넘어 자신을 희생하여 드리는 거룩한 예배가 되었다.

현대 사회에서 일을 멈추는 것은 거대한 도전이요, 믿음의 고백이다. 쉼은 현실적인 욕구를 빙자하여 죄로 가득 찬 세상으로 이끌리는 유혹을 거부하고, 삶의 방향과 주도권이 하나님에게 있음을 고백함으로 피조세계에서 기쁨을 발견하는 시간이다. 일을 멈추면 사람이 '무한히 부족하면서도 무한히 부요한' 존재임을 깨닫는다. '무한히 부족한' 현실은 나를 근심하게 하지만 '무한히 부요한' 존재인 나는 삶을 경축한다. 채워지지 않는 욕구로 인한 불안을 던져 버리고, 함께 예배함으로 공동체 안에서 하나님을 발견하며, 함께 교제함으로 우리를 돌보시는 하나님을 경외하고, 피조세계를 볼 때 섭리의 하나님으로 인하여 기뻐한다. 이미 가진 것을 기뻐하는 법을 배운다. 더 일하고 많이 소유함으로 얻는 기쁨보다 오늘 얻는 것을 누리는 기쁨으로 일을 멈춘다. 참 안식을 누린다.

나답게, 사람답게

하루 일을 마치고 잠자리에 들 때 누군가는 휴식의 시간을 갖고 침대 위에서 숙면한다. 그러나 어떤 이들은 지쳐서 쓰러지도록 일하다가 겨우 눈만 붙이고 일어나기도 한다. 하나님을 신뢰하는 가운데 잠들기보다 몸이 지쳐서 어쩔 수 없이 잠에 빠진다.

묵상할 때 빈번하게 들은 말씀이 있다. '천천히 가라', '너무 바쁘다'라는 말씀이었다. 매일 같은 말씀을 '늘' 들려주셨다. 안식의 묵상을 하기까지 나는 묵상을 통해 오히려 마음과 행동을 분리시켰고, 생각이나 감정 중 하나를 무시하며 살았다. 선과 후, 좌와 우를 가리지 않고 거의 '닥치는 대로 일하는 존재'로 살았다.

그러나 묵상을 나를 채우는 시간으로 사용하고 난 뒤부터 엇박자 인생에 적합한 리듬을 찾았고, 부조리한 사람을 사랑하시는 그분의 실재 안에서 쉼을 얻을 수 있었다. 안정되지 못하고 한계 많은 내 삶에 묵상은 하나님 안에 거하는 '영원한 자리'를 찾게 했다. 내가 경험하는 모든 순간이 '거룩'에 잇닿아 있음을 깨닫고 내 삶의 든든한 기초를 발견했다.

삶 속에 묵상이 자리 잡지 못했을 때, 나는 항상 내가 하는 일을 통해 나 자신의 중요성을 확인하려 했다. 그러던 내가 묵상을 통해 하나님을 의지하고 하나님과 교제함으로 자신을 비난하던 습관에서 점차 벗어났다. 과거에는 하루에 감당할 일과 시간을 정하고 그 수행 여부를 따라 만족과 불만족을 가늠했다. 몸에 필요한 수면조차 '게으름'으로 여겼다. 하나님에게서 벗어나 독립적으로 살려고 버둥거릴수록 불안과 불평은 커졌지만, 하나님을 의지할수록 더 큰 안식을 얻었다.

묵상은 나로 하나님의 성품을 닮아 가게 하되, 자신의 한계를 인정하며 사는 지혜로 이끌어 준다. 끝없이 움직이며 일하는 사람(human doing)이 아닌 존재하는 사람(human being)으로 살게 되었을 때 비로소 내 인생에서 첫 안식을 누릴 수 있었다. 나 자신과 화해하고, 나 자신과 함께하며, 나의 존재 자체에 주목할 수 있었다. 나의 실체를 있는 그대로 인정하고 수용함으로 비로소 새롭게 채울 수 있었다.

이전에는 단순히 끼니를 거르지 않고 허기진 배를 채우려 애썼다면, 이제는 하루의 식탁을 누림으로 함께하는 이들과 나누는 대화에서 풍성함을 누렸다. 예수님이 안식일에 베푸신 만찬처럼 그 시간, 그 자리를 누리며 즐거움의 자리로 만들려 했다. 돈에 쪼들려 그냥 되는 대로 포기한 듯 사는 것이 아니라, 주어진 대로 규모 있게 사용하는 법을 배우기 시작했다. 그리하여 나만을 위해 사용하지 않고 이웃을 위해 사용하면서 점점 즐거움이 커져 갔다. 변화는 하루의 식탁이나 재정 사용에만 있지 않았다.

과거 늘 바쁘게 살던 때는 관계 맺는 일에 미숙하고 서툴렀다. 삶의 속도가 느려질 때에야 비로소 관계다운 관계를 맺을 수 있었다. 분주한 삶은 관계를 맺지 못하게 한다. 자신의 한계를 인정하고 안식을 누리는 가장 보편적인 방법은 안정된 관계를 맺는 것이다. 하나님과 연합하고, 자신과 화해하며, 가족을 포함한 주변 사람뿐 아니라 하나님이 지으신 피조세계와 화해할 때 비로소 우리는 안식을 선물로 얻는다. 생의 한계르 맞이하는 죽음은 존재하는 사람이 누리게 될 영원한 안식으로 들어가는 문이다. 유대인들은 안식일을 통하여 안식의 리듬을 회복했다. "시간의 리듬을 상실하면 인간성이 말살된다"는 말이 괜히 나온 게 아니다. 쉼, 안식, 재충전, 해방이 없는 존재는 결국 자기 자신을 잃어버린다. 분주히 모든 일을 해치우려는 통제 불능의 욕구가 자신을 망가뜨린다. 안식은 사람을 사람답게 만든다.

묵상을 통해 하나님의 임재를 누리고 삶 속에서 온갖 욕망을 다스리고 탐욕을 내려놓았다 하여 삶의 결핍이 쉬이 사라지지는 않는다. 몸과 돈, 집과 같은 삶의 조건에 있어 우리는 여전히 질병과 가난, 주거불안 같은 결핍을 경험한다. 어려운 순간마다 하나님의 공급하심으로 채움을 경험하고 넘어서지만, 그것은 영원한 충만이 아니니다.

시간을 허투루 쓰지 않고 절제와 비움으로 주어진 모든 것을 규모 있게 사용하며 살아간다 해도 우리는 여전히 어찌할 수 없는 고통과 죽음 앞에 날마다 선다. 이 땅을 살아가면서 거룩하고 공의로운 삶을 추구할수록 오히려 슬픔이 가까이에 있다. 광야에서야 하나님이 매일 공급하시는 '만나'만 먹어도 살 수 있지만, 농경사회인 가나안 땅에 들어가면 삶을 짓밟는 군주를 만난다. 착취하는 관료와 부자들을 만나고, 돈을 벌려고 가난한 자들을 속이는 탐욕스러운 사람들을 맞닥뜨린다. 조급함과 성급함으로 부자가 되려는 유혹을 피할 수 없는 사회를 만난다.

고통과 상실 가운데 살아가는 중에도 안식의 묵상을 통해 하나님의 임재를 경험한다. 그러나 이러한 하나님의 임재는 대단히 부분적으로 다가온다. '이미' 성취된 소망을 가졌지만 실제 삶은 '아직' 완성되지 않은 채 마침내 다시 오실 주님을 사모하게 한다. 묵상은 으리로 하여금 현실의 삶에 적응하여 살도록, 지금 여기에 단단하게 뿌리내리는 '나의 순종'을 요구한다. 또한 이 현실을 넘어 다가올 그 나라를 소망하며 오늘을 견디게 한다.

묵상은 현실 속의 부조리한 삶을 거부하고 소망 가운데 이루어질 '영원한 안식'으로 우리를 이끌어 간다. 우리 육체는 죽음에 굴복할 수밖에 없지만, 묵상은 우리가 죽음을 선택하는 담대한 믿음의 삶으로 우리를 이끌어 간다. 육체의 한계를 알고 생명의 유한함을 경험하면서도 영원하신 하나님의 말씀을 묵상함으로 우리는 '영원한 하나님의 나라'를 사모하며 걸어간다. 현실 도피와 현실 부정의 삶이 아니라 현실과 맞서 싸우며 하나님 나라의 시민으로 부르심에 응답하는 삶을 살아간다.

우리 삶에는 그 무엇으로도, 어떤 힘으로도 통제할 수 없는, 오직 하나님만이 다스리고 통치하시는 세계가 있다. 묵상은 우리로 하여금 죽음의 슬픔을 아파하고, 죽음의 새 창조를 긍정하며, 상실과 이별의 고통뿐 아니라 영생으로의 초대를 동시에 받아들이게 한다. 우리는 하나님이 창조하신 세계의 온전한 회복을 소망하며 기다림으로 묵상에 임한다. 세상에 속하기를 거부하면서 세상 한복판에 살아가는 하나님의 백성으로서 그분의 온전한 통치를 사모하고, 지금 여기에서 고난에 참여하며 몸과 언어로 하나님을 묵상하는 삶을 살아간다. 그리하여 이웃을 사랑하라는 계명을 외면하는 현실 속에서 사회적인 약탈을 거부하고, 힘없는 이들과 소외된 이들을 긍휼히 여기고 돌보며 정의와 공의를 행하며 살아간다. 현실에 천착한 묵상을 할수록 하나님 나라를 향한 열망이 더욱 커져 간다. 하나님의 공급하심을 경험할수록 시민으로서 이웃을 사랑하는 삶에 더욱 책임감 있게 임한다.

묵상은 안식이다

묵상은 안식이다. 영원한 안식을 소망하는 즐거움이 가득한 은혜의 시간이다. 묵상을 통해, 끊임없이 솟아나는 이기적인 욕구와 통제되지 않는 세속적인 탐욕을 거절하고 물리친다. 효율성과 경제성을 중시하여 부품 교체하듯 사람을 함부로 버리는 세상을 살아가는 우리에게는 약한 자, 가난한 자, 병든 자들을 귀하게 여기며 그들을 보호하고 함께 살아갈 자리를 만드는 것이 바로 하나님의 뜻이다.

묵상은 이 땅이 영원한 나라가 아님을 알고 영원하신 하나님 나라의 도래를 기다리며 순종하는 삶으로 우리를 이끌어 간다. 또한 묵상은 영원한 안식으로 우리를 초대한다. 영원히 거할 장소, 아버지의 통치가 온전하게 이루어지는 곳으로 우리를 인도한다. 이 땅을 가꾸는 하나님의 청지기로, 이웃과 더불어 살아가며 이웃을 사랑하는 삶에 책임감 있게 참여하는 시민의 삶으로 우리를 인도한다.

전성민

묵상은
평화다

서울대학교 수학과를 졸업하고 캐나다 밴쿠버에 있는 리젠트칼리지에서 성서 언어와 구약학을 공부했다. 영국 옥스퍼드대학교에서 구약학으로 박사 학위를 받았다. 밴쿠버기독교세계관대학원 원장이며, 세계관과 구약학을 가르치고 있다.

평화의 비전

묵상을 통해 알게 되는 만큼 실천하는 것이 성경 묵상의 궁극적 목적이다. 묵상으로 공급받은 영양을 삶의 실천을 통해 사용하지 않는다면 하나님과의 관계를 건강하게 유지하기 어렵다(약 2:14-26). 묵상을 할수록 우리는 성경이 온 세상을 창조하시고 붙드시며 화목케 하시는 그리스도의 이야기라는 사실을 더욱 깊고 넓게 알아 간다. 만물보다 먼저 계신 창조주 그리스도는 죽은 자들 가운데서 먼저 나신 부활의 주이시며, 그의 십자가 피는 평화를 만들어 만물을 하나님과 화목하게 한다. 이 평화의 비전이 그리스도인들이 실천해야 할 온 세상을 향한 하나님의 궁극적 뜻이다. 묵상은 우리로 하여금 평화의 세상을 소망하게 하며 우리를 평화를 이루는 자로 부르고 보낸다(마 5:9; 고후 5:18). 이렇게 묵상은 평화를 이룬다.

평화를 이루는 하나님의 뜻을 알아 가는 묵상

그리스도인은 성경을 묵상하는데, 성경은 곧 그리스도를 말한다. 특히 골로새서 1장은 '창조로 시작해 샬롬의 새 하늘과 새 땅을 전망하며 마무리되는' 성경 이야기의 주인공인 그리스도를 찬양한다(1:15-20). 또한 묵상의 큰

두 주제인 성경 드라마와 그리스도를 결합해 말한다는 점에서 매우 흥미롭고 중요하다.

골로새서 1:9-20은 크게 두 부분으로 나눌 수 있다. 바울은 9-14절에서 골로새 교인들을 위한 간구의 기도를 드린다. 이어지는 15-20절에서 바울은 창조와 화목을 이루신 그리스도를 노래한다. 골로새 교인을 위한 바울의 간구에서 우리는 묵상의 목적을 만난다. 그것은 '하나님의 뜻을 아는 것'이다(9절). 그리스도인의 성숙과 구원에 있어 하나님의 뜻을 아는 것의 중요성은 아무리 강조해도 과하지 않다.

산상수훈은 '하나님의 뜻대로' 행하는 자라야 천국에 들어간다고 명확히 말하며, 로마서 12:2은 '하나님의 선하시고 기뻐하시고 온전하신 뜻'을 분별하는 것의 중요성을 확언한다. 예수님은 죽음을 맞게 될지언정 하나님의 뜻을 따르려 하셨다(눅 22:42). 하나님의 뜻을 아는 것이 이렇게 중요한 이유는 하나님의 뜻이 그리스도인의 삶에 대한 구체적인 인도일 뿐 아니라 하나님의 구원 계획 전체를 포괄하는 개념이기 때문이다(N. T. Wright, *Colossians and Philemon*, InterVarsity Press, 61쪽).

묵상을 통해 우리는 각 개인에 대한 하나님의 뜻을 분별하고 그것을 구체적으로 실천하며 삶과 성품의 변화를 경험한다. 그러나 묵상은 사적 영역뿐 아니라 세상을 향한 하나님의 뜻을 아는 자리까지 우리를 이끌어야 한다. 이렇게 성경 전체가 제시하는 세상을 향한 하나님의 뜻을 이해해야, 개인의 삶에서 하나님의 뜻을 분별할 때 경험과 생각의 틀 안에서만 맴도는 묵상을 벗어나 더 근원적인 변화를 추구할 수 있다. 그렇다면 창조에서 시작해 새 창조로 나아가는 성경 전체의 전망은 무엇인가? '샬롬의 새 하늘과 새 땅'이다. 골로새서 1:15-20이 노래하는 그리스도의 창조, 보존, 화목의 사역이 이 샬롬의 비전을 이루는 길의 뿌리다.

하나님의 능력으로 걸어가는 평화의 여정

골로새서 1:9-10에서 바울은 골로새 교인들이 '모든 신령한 지혜와 총명에 하나님의 뜻을 아는 것'으로 가득 차서 '주께 합당하게 살아가기'를 기도한다. 신령한 지혜와 총명에 하나님의 뜻을 아는 것은 구체적인 삶의 열매를 맺게 한다. 우리가 하나님의 뜻을 아는 것으로 가득 차서 주님께 합당하게 살 때 하나님은 기뻐하시고 우리가 행하는 선한 일에 열매를 맺게 하신다. 바울이 말하는 선한 일은 대표적으로 자선과 환대일 것이다(참조. 롬 12:8, 13; 히 13:16).

바울의 간구는 하나님의 뜻을 아는 것으로 시작해 구체적인 선한 삶을 지나 '하나님을 아는 것에 자라는 것'으로 나아간다. 하나님의 뜻을 아는 것은 한 번으로 끝나는 일이 아니다. 하나님의 뜻을 알게 된 만큼 실천할 때, 하나님을 더 많이 더 잘 알게 된다. 이렇게 앎과 삶의 순환 속에서 구원을 이루어 가는 것이 묵상의 여정이다(빌 2:12). 10절에서 개역개정이 '행하다', 새번역이 '살아가다'라고 번역한 동사는 문자적으로 '걷다'이다(헬. 페리파테오). 그리스도인의 삶은 하나님의 뜻을 따라 샬롬을 향해 걸어가는 여행과 같다. 그런데 이 여행은 마냥 쉽지 않다. 지속적 순종 속에 걸어가는 구원의 여정은 하나님의 능력으로만 가능하다. 그것은 '영광의 힘', 영광스러운 힘이다(11절). 그런데 이 영광스러운 능력은 자기 부인과 자기희생을 가능하게 하는 역설의 힘이다. 이런 역설적 능력이 십자가를 지고 살아가는 제자의 삶에 기쁨과 끝까지 참고 견딜 힘을 준다.

이 모든 것은 골로새 교인들을 성도의 기업을 얻기에 합당하게 만드신 하나님 아버지에 대한 감사로 이어진다. '기업을 얻다'라는 표현은 구약의 출애굽과 가나안 정착을 연상시킨다. 이 구약의 심상은 13-14절에 나오는 그리스도의 죄를 사하시는 사역에 대한 설명의 예고편과 같다. 13-14절은 이 모든 일의 근본이 그리스도 안에서 죄를 용서받고 흑암의 권세에서 사랑의 아들의 나라로 옮긴 것임을 확인한다(12절의 빛과 13절의 흑암의 대조를 주목하라).

그러나 하나님 나라의 통치가 완전히 임한 것은 아니

기에 예수님의 나라로 옮겨 온 사람들도 세상과의 긴장과 갈등을 경험한다. 그렇기에 받을 기업을 향해 나아갔던 출애굽이 '여정'이었던 것처럼, 기독교 신앙 또한 날마다 자라고 채워지고 인내하는 삶의 '여정'이며 그 본질은 '예수님 믿고 따르기'다. 믿는다는 것은 단순한 지적 동의가 아니라 인격적 신뢰이기에 예수님을 믿는 사람은 예수님 따르는 사람이다. 그런데 예수님을 신뢰하고 따르기 위해서는 그가 어떤 분인지, 그를 통해 이루어진 하나님의 뜻이 무엇인지 알아야 한다. 묵상이 그 통로다. 묵상은 예수님을 알려 준다.

만물을 창조하고 붙드시며
화목케 하시는 그리스도

골로새서 1:15-20은 하나님의 아들을 초점으로 만물의 실재에 대한 포괄적인 그림을 그린다(Douglas J. Moo, *The Letters to the Colossians and to Philemon*, Eerdmans, 107쪽). 이 단락은 크게 창조와 구속(특히 화목)에 대한 부분들과(15-16절; 18b-20절) 그 둘 사이에서 서로 연결해 주는 부분(17-18a절)으로 이루어져 있다. 특히 이 연결 부분의 첫 구문, "그가 만물보다 먼저 계시고"는 창조에 대해 다시 확인하고(참조. 15절), 마지막 구문 "그는 몸인 교회의 머리시라"는 구속에 대해 미리 내다보며 교회의 우주적 의미를 선언한다. 그리고 그 가운데 "만물이 그 안에 함께 섰느니라"는 창조와 구속 모두와 관련된다. 그리스도는 온 세상을 창조하고 붙잡고 계실 뿐 아니라, 깨어지고 망가진 세상이 다시 혼돈과 공허로 돌아가지 않게 붙잡고 보존하고 계시다(Moo, 124-5쪽). 심지어 십자가에서 돌아가시는 그 순간에도 만물을 붙잡고 계셨다. 십자가에서 만물을 붙들고 있는 그리스도의 손에 못이 박혔지만, 그 못 박힌 자리에서 흘러나온 피는 화평을 이루는 피가 되었다(Moo, 125-6쪽). 이렇게 그리스도는 십자가의 피로 만물과 화평을 이루셨다.

이 본문에는 '만물'이 여섯 번 언급된다[16(x2), 17(x2), 18, 20절]. 더불어 그 만물을 '하늘과 땅에 있는 것들', '보이는 것들과 보이지 않는 것들', '왕권, 주권, 통치자, 권세' 등으로 더 상세히 묘사한다. 이 본문은 그야말로 만물, 즉 온 세상을 향한 하나님의 포괄적인 뜻을 알아 가기에 적합한 본문이다. 하나님의 뜻을 아는 것, 그리고 하나님을 아는 지식이 자라는 것이 묵상의 중요한 목표인데, 그 목표는 그리스도를 주인공으로 하는 성경 이야기를 통해 하나님이 사람과 세상을 어떻게 다루시는지를 이해할 때 이루어진다. 하나님은 그리스도로 말미암아 세상을 창조하고, 그리스도 안에서 만물이 서게 하며, 그리스도의 피로 화목을 이루신다.

묵상은 창조한다

15절부터 그리스도의 본성과 사역을 설명하는 찬양이 시작된다. 먼저 그리스도는 '보이지 아니하는 하나님의 형상'이다. 바울은 골로새 교인들이 하나님과 그분의 뜻을 아는 것에 자라 가기를 간구했다. 그런데 문제는 하나님이 '보이지 않는 분'이라는 사실이다. 과연 보이지 않는 분과 그분의 뜻을 어떻게 알고 배울 수 있겠는가? 바로 보이지 않는 분의 형상인 그리스도를 통해서 가능하다. 구약과 유대교 전통에서는 지혜와 말씀이 하나님이 자신을 알리고 말씀하시는 방식이었다. 그러나 그것들은 하나님을 알리는 매개일 뿐이었다. 이제는 진정 인격화된 지혜와 말씀, 무엇보다 하나님의 형상이신 분이 있다. 그리고 그 하나님의 형상이신 그리스도의 삶과 죽음과 부활이 하나님이 어떤 분인지를 가장 명확하게 드러냈다(James D. G. Dunn, *The Epistles to the Colossians and to Philemon*, Eerdmans, 91쪽). 그리스도는 또한 '모든 피조물보다 먼저 나신 이'시며 세상에 존재하는 모든 것은 그리스도 안에서, 그리스도를 통하여, 그리스도를 향하여 창조되었다(새번역). 묵상은 그리스도를 통해 알려진 창조주와 교제하며 그분의 창조를 알아 가고 향유하는 것이다.

묵상이 하나님의 말씀을 듣는 것이라면 창조 이야기는 묵상으로 가득 차 있다. 혼돈하고 공허한 세상이 하나님의 말씀을 들었다. 그리고 반응했다. 묵상은 듣는 것에서 그치지 않는다. 생명과 능력으로 충만한 말씀을 듣자, 세상이 창조되었다. 하나님의 말씀에 대한 반응으로 세상이 창조되었던 것처럼 묵상을 통해 우리의 세상도 새롭게 창조된다. 요한복음은 말씀이 몸을 입고 우리 가운데 거한다고 증언한다. 말씀은 항상 몸을 입는다. 그리고 말씀은 몸을 움직인다. 그렇게 움직이는 몸을 통해 하나님 나라를 창조한다. 평화를 창조한다.

묵상은 붙든다

하나님은 여러 모양으로 말씀하셨고 지금도 말씀하신다. 그중 최종적이고 절정인 말씀은 아들 자신이다. 하나님은 아들을 통해 모든 세계를 창조하셨으며 그 아들의 힘 있는 말씀은 모든 세계를 붙들고 있다(히 1:3). 창조하고 붙들 뿐 아니라 인간의 반역으로 하나님께 등을 돌린 세상조차 붙들고 있다. 깨어지고 어그러진 세상이지만 그 안에 여전히 자연 질서와 도덕 질서가 유지되고, 그 유지되는 질서를 통해 어떤 일들의 결과를 예상할 수 있는 것은 그리스도의 붙드심 때문이다(Dunn, 93-4쪽). 또한 하나님을 등진 인간과 그들의 사회라 하더라도 어느 정도의 이성이 작동하며 유지되는 것 또한 그리스도가 만물을 붙드시기 때문이다. 골로새서는 이것을 "만물이 그 안에 함께 섰다"라고 표현한다.

말씀이신 그리스도는 세계와 만물을 붙들 뿐 아니라 우리 일상의 삶도 붙드신다. 이 역시 우리 삶이 하나님을 향하든지 향하지 않든지 마찬가지다. 모든 살아 있는 존재가 숨을 쉬며 살 수 있는 것은 하나님이 이 세상을 붙잡고 계시기 때문이다. 우리가 깨어지고 어그러진 세상 속에서 탄식하고 고통을 겪지만 여전히 숨을 쉬며 하루를 살 수 있는 것은 이 세상, 그리고 무엇보다 우리 삶을 붙잡으시는 그리스도 때문이다. 말씀이신 그리스도는 만물을 붙드신다. 그런 그리스도에 대한 묵상은 우리를 지키고 붙든다. 묵상은 평화를 지키고 붙든다.

묵상은 화목케 한다

15-20절의 주요 두 부분(15-16절; 18b-20절)을 연결하는 17-18a절의 마지막 구문은 18b절 이하에서 이야기할 평화와 화해를 바라보며 교회에 대해 말한다. "그는 몸인 교회의 머리시라." 현대 그리스도인들은 그리스도가 교회의 머리시고, 교회가 그리스도의 몸이라는 개념에 익숙하다. 그러나 고대 그리스-로마의 배경에서 이 선언은 훨씬 공적인 의미를 지닌다. 고대 그리스-로마 사상에서

우주는 영혼이 깃든 합리적으로 통제되는 실체이고, 우주가 몸이라면 로고스(말씀)는 우주의 머리다(Dunn, 94쪽). 헬라어 어순을 따르면, 바울은 18a절에서 가장 먼저 "그는 몸의 머리다"라고 선언한다. 이것은 고대 그리스-로마 맥락에서 그리스도가 우주의 머리라는 선언이다. 그리고 바울은 이어서 몸을 좀 더 자세히 설명하는 단어로 '교회'를 제시한다. 원문을 어순까지 반영하면 18a절은 "그는 머리다, 몸의, 즉 교회의" 정도로 옮길 수 있다.

이 진술은 만물의 창조자이신 그리스도를 세상의 일부분으로 보이는 교회의 머리로 축소하는 것이 아니라, 세상의 일부분에 불과하다고 생각할 수 있는 교회를 우주적 몸과 동일시하며 교회의 공적 의미를 선언하는 것이다. 교회는 세상과 분리되지 않고 온 세상을 품어 내는 매우 공적인 존재다. 교회에 대한 이런 선언은 교회가 우주를 반영한다는 믿음, 그리고 우주를 반영해야 한다는 소명을 천명한다. 본격적으로 그리스도의 화해 사역을 말하기 전에 이러한 교회의 우주적 의미를 선언했다는 점은 매우 의미심장하다. 만물을 향한 화해의 비전을 성경을 통해 배우고, 함께 실천하는 동료를 만나며, 지속적인 힘을 공급해 주는 곳이 교회이기 때문이다. 그리고 그곳은 성경을 묵상하는 곳이다(에마뉘엘 카통골레, 크리스 라이스, 『화해의 제자도』, IVP, 133쪽).

15절에서 창조 이야기를 시작하면서 모든 피조물보다

먼저 나신 그리스도를 말했다면 이제 18b절에서는 새 창조 이야기를 하면서 '근본'이시자 '죽은 자들 가운데서 먼저 나신 이'인 그리스도를 말한다. '근본'이라고 번역된 단어는 요한복음 1:1에서 '태초'라고 번역된 단어로(헬. 아르케) 창조라는 주제를 상기시키며, 십자가의 피로 만든 평화(참조. 마 5:9)를 통해 이루는 화해를 창조의 관점에서 바라보게 한다. 창조가 만물에 관한 것이듯 새 창조도 만물에 관한 것이다. 그리스도의 부활의 목적은 그를 '친히 만물의 으뜸'이 되게 하기 위함이었다.

그리스도는 하나님의 '모든 충만'이 거하는 분, 혹은 '모든 충만' 그 자체이시다. 그리스도의 지상 사역은 하나님의 모든 충만이 그리스도 안에 거했던 사실을 또렷이 증거한다. 무엇보다 그분의 십자가와 부활이 그러하다(Dunn, 102쪽). 하나님의 모든 충만이 땅에서 사셨던 그리스도에게 거했던 일인 성육신은 하나님의 기쁨이었다. 그분은 하늘에 속한 분이지만 땅에서 사람들과 함께 하기를 기뻐하시는 분이다. 장막과 성전을 통해 그 기쁨을 불완전하게나마 누리셨던 하나님은 그리스도가 땅에 장막을 치신 성육신에서 온전한 기쁨을 누리셨다(Moo, 132-3쪽).

성육신을 기뻐하신 하나님은 만물과 화해하는 것 역시 기뻐하신다. 만물의 화해는 십자가의 피로 만든 평화에 의해 이루어진다. 20절이 선언하는 화해의 범위는 창조의 범위에 이어 다시 또 총괄적이다. 그리스도에게서, 그로 말미암아, 그를 위해 창조된 만물이(16절), 그리스도로 말미암아 화목하게 되었다(20절). 하나님과의 화해에서 벗어나는 것은 아무것도 없다. 이 하나도 빠뜨리지 않는 창조와 화목의 총괄성을 '곧 땅에 있는 것들이나 하늘에 있는 것들'이라는 구문이 다시 확인한다. 이 구문의 어순은 흥미롭다. 창조의 총괄성을 말하는 16절에서는 '하늘에 있는 것' 다음에 '땅에 있는 것'이 언급되었는데, 20절에서는 바뀐 순서를 통해 16절과 거울 대칭을 이루며 그리스도의 창조, 보존, 화목 사역에 대한 찬양을 마무리한다.

묵상은 평화를 이룬다

골로새서 1:9-20을 묵상하며 평화를 이루는 묵상의 길을 걸어 보았다. 평화는 실로 성경 전체가 품고 있는 궁극의 비전이다. 평화는 오래전부터 기다려 온 구원의 복된 소식이다(사 52:7). 평화는 그리스도가 고난을 받기까지 우리에게 베풀어 주시고자 했던 은혜다(사 53:5). 평화는 하나님의 땅에 펼쳐지는 하나님의 기쁨이다(눅 2:14). 평화의 부재는 예수님의 슬픔이다(눅 19:41-42). 평화는 하나님 자녀의 정체성이자 소명이다(마 5:9).

그렇지만 평화는 평화롭게만 이루어지지 않는다. 그리스도는 묵상을 통해 아버지의 뜻을 구하고 그 뜻을 피를 흘려 순종해 평화를 이루셨다. 평화는 묵상을 통해 아버지의 뜻 앞에서 자기 뜻을 꺾고 이에 필요한 자기희생을 감내할 때 비로소 이루어진다. 치러야 할 값이 크다고 평화를 이루는 이 묵상의 여정을 멈출 수는 없다. 평화의 여정은 그리스도 안에서 새로운 피조물이 된 그리스도인들에게 맡겨진 삶이기 때문이다(고후 5:17-19).

묵상은 하나님을 알아 가는 과정이다. 하나님은 창조하는 분, 만물을 붙드는 분, 만물을 화목케 하는 분이다. 만물을 화목케 하는 하나님의 자녀는 평화를 만드는 사람들이다. 묵상한 말씀을 실천할 때, 그 실천은 그리스도인을 평화의 길로 인도한다. 그리스도 십자가의 피가 평화를 이루어 만물을 하나님과 그리스도와 화해케 하기 때문이다. 묵상의 여정은 평화의 여정이며 묵상은 평화를 이룬다. "화목의 진리는 복음의 골자요 성도의 기본적인 자세"이기 때문이다(「매일성경」 창간호, 42쪽).

묵상,
생명을
공급받는
만남

김회권

묵상은
독수리 날개다

서울대학교에서 영어영문학과 철학을, 장로회신학대학원에서 신학을 공부했다. 이후 미국 프린스턴신학대학원에서 성서신학석사 학위 및 철학박사 학위를 받았다. 숭실대학교 기독교학과에서 구약학을 가르치고 있다.

렉시오 디비나(*lectio divina*): 거룩한 (책)읽기

오늘날 우리가 하는 묵상과 가장 근접한 교회사적 전례는 '렉시오 디비나'다. 렉시오 디비나의 문자적 의미는 '거룩한 읽기'다. 수도사들이 하나님께 몰입해 하나님의 음성을 듣고 자신의 내면을 토로하며 간구하는 기도 수련의 일환으로 수행하던 '소리 내어 성경 연속 읽기가 렉시오 디비나다. 낮은 음성으로 노래 부르듯 읊조리며 성경 말씀을 암송하는 구약성경의 묵상(히. 하가) 전통을 이어받아 고대와 중세 수도사들의 렉시오 디비나가 되었다. 렉시오 디비나의 확장된 의미는 '성경으로 기도하기'다. 마르틴 루터가 매일 새벽 3시간씩 기도했다고 말할 때 그것이 바로 렉시오 디비나였다. 세 시간 내내 눈 감고 기도 문장을 만들어 기도했다는 말이 아니라, 말씀을 읽으며 계속 기도하거나 기도하는 다음으로 말씀을 읽었다는 의미다. 렉시오 디비나는 세 단계로 이뤄진다.

첫째, 소리 내어 읽기(lectio)다. 한 장 정도 길이의 본문(스무 절에서 서른 절)을 소리 내어 읽는다. 이때는 본문 말씀 안에 담긴 내재적 음률에 맞춰 읽는 것이 중요하다. 하나님의 애통을 담은 본문은 애통한 마음으로 읽고, 하나님의 호소를 담은 본문은 호소하시는 하나님의 마음에 자신의 마음을 잇대면서 읽어야 한다는 말이다.

둘째, 낮은 음성으로 암송하듯 한두 구절을 반복해서

읽는다(*meditatio*). 각 본문의 요절의 내적 논리를 깊이 생각하되, 단어, 어법, 구절의 이미지를 회화적으로 그려가면서 읽어야 한다. 그래서 암송이 더 잘된다.

셋째, 자신의 음성으로 소리 내어 간구하고 도고(禱告)하는 오라티오(*oratio*)다. 하나님의 선하심과 인자하심, 언약의 피조물들까지 자상하게 돌보시는 성부 하나님의 무한한 자비를 체감하면 갑자기 기도할 언어가 떠오른다. 이때 자신의 가슴 속에서 생성된 어휘들, 문장들이 풍성한 감정을 타고 하나님께 올라간다. 하나님이 맡으시는 향불처럼 성도의 기도 언어가 하나님 보좌로 올라간다. 성경 66권은 어디를 펼쳐도 소리 내어 간구하는 우리의 오라티오를 불붙일 단어, 문장, 논리들로 가득 차 있다.

한국 교회에서 널리 행해지고 있는 큐티 운동은 소중한 영성 훈련임이 분명하다. 하지만 교회사의 소중한 유산인 이 렉시오 디비나의 전통을 얼마나 잘 계승하고 있는지는 질문해 봐야 한다. 매일 읽고 묵상한 말씀을 얼마나 실행에 옮기는지 각자 점검해 볼 필요가 있다는 뜻이다. 대부분의 큐티 책자는 성경 지식이나 정보를 제공하는 데는 아무런 문제가 없어 보이지만, 하나님에 대한 불타는 갈망을 촉발하는 데는 다소 부족해 보인다. 렉시오 디비나의 전통을 계승하되 오늘의 현실에 맞게 창조적으로 계승할 필요가 있다. 묵상의 열매는 기도요, 기도의 열매는 믿음대로 살아 내는 신행일치가 아니겠는가?

렉시오 디비나의 원형인 구약 성도들의 묵상 전통을 잠시 살펴보자. 구약성경에서 '묵상(默想)하다'라고 번역된 히브리어 단어는 '하가'나 '쉬아흐'다. 시편 1:2의 '하가'는 '신음하다', '불평하다', '발설하다', '명상하다' 등을 의미하고 '쉬아흐'(혹은 '슈아흐')는 '음률을 넣은 채 작은 소리로 음송(吟誦)하다'(시 39:3; 49:3; 63:6; 71:24; 77:12; 시 119:23, 27, 48, 78, 97, 99, 148; 145:5)를 의미한다. '하가'와 '쉬아흐' 두 단어 모두 '낮은 소리로 음송하다', '음악적으로 낭송하다'의 의미에 가깝다. 한국어로 '묵상하다'는 '명상하다', '깊이 생각하고 숙고하다'를 의미하므로, 히브리어 '하가'나 '쉬아흐'의 번역어로 '묵상하다'를 사용하는 것은 적합해 보이지 않는다. 시편 1:2은 여호와의 율법을 밤낮으로 읊조리는 자가 복되다고 말한다. 음송하여 삶과 행동으로 표현될 정도로 말씀을 사랑하고 내면화한다는 말이다. 그런 의미의 묵상을 하는 성도는 시절을 좇아 열매를 맺는다. 시편 1:2의 '묵상하다'는 노래 부르듯 말씀을 내면화하고 즐거워하는 행위를 가리키는 독법(讀法)이다. 그래서 개역개정은 '하가'나 '쉬아흐'에 관해서는 거의 다 '작은 소리로 읊조리다'라고 번역해 개역한글에 비해 원의에 가깝게 수정했다.

고대 이스라엘은 하나님의 율법을 작은 노래 멜로디를 넣어 음송하거나 암송했다. 6세기에 시작된 그레고리오 성가가 바로 이런 음악적 멜로디로 하나님 말씀을 암송하는 형식을 갖추고 있다. 현재 히브리어 원문 성경에는 음송이나 음악적 암송을 할 때 음조와 정조(情調)를 어떻게 가미해야 하는지 가리키는 세밀한 악센트 기호가 다 표시되어 있다. 이스라엘은 질식할 것 같은 불의하고 부조리한 현실에서 믿음의 정절을 지키고 하나님을 향한 신뢰를 견지하기 위해 현실의 외양에 압도되지 않고 '토라 노래'로 피난했다. 토라, 하나님의 말씀은 그들이 피할 바위요 은밀한 초막이었다. 하나님 말씀을 노래 멜로디로 기억하는 사람들은 하나님이 부재한 것 같은 세상살이를 감내하면서도 기회주의자처럼 살지 않고, 하나님께만 독야청청의 신실함을 드릴 수 있다. 이렇게 노래에 담아 말씀을 암송하는 묵상을 '독수리 날개'로 정의할 수 있을 것이다.

묵상은 독수리 날개다

세 가지 이유로 묵상을 독수리 날개로 정의한다. 첫째, 묵상은 독수리 날개로 새끼를 업어 내는 하나님의 절대주권적인 인도, 향도, 구원을 맛보게 해 준다(출 19:4). 독수리 날개는 이스라엘을 출애굽시킨 하나님의 구원 행위를 감당한 하나님의 강력이다. 둘째, 묵상은 땅에서 벌어지는 일들로 마음이 상하고 하나님께 냉담해지려는 성도의 마음을 하나님 보좌 쪽으로 수직으로 비상하게 한다(사 40:30-31). 독수리 날개는 활강 없이 바로 90도 창공을 향해 직승(直昇)하는 엄청난 양력을 창조한다. 묵상하는 성도는 하나님의 독수리 날개의 힘을 덧입어 신적인 양력을 창조하여 하늘로 치솟는다. 이렇듯 묵상은 하나님 보좌의 관점에서 땅을 내려다보고 조망하는 영적 조감을 허락한다. 셋째, 묵상은 탈진하고 쓰러진 하나님의 백성들이 피난할 날개 밑 은신처를 마련해 준다(시 17:8; 룻 2:12).

하나님의 독수리 날개 위에 업혀 독수리로 자라는 훈육으로서의 묵상

출애굽기 19장은 하나님을 그 강한 날개로 새끼들을 비상 훈련하는 어미 독수리에 비유한다. 이스라엘이 출애굽한 후 르비딤에서 떠나 시내 광야에 들어간 후 셋째 달(Sivan)에 모세는 "시내산에서 랑데부(rendez-vous)하자"는 하나님의 약속(출 3:12)에 따라 산으로 올라간다. 여기서 처음으로 출애굽 기획이 모세 자신의 정치적인 야심인지 아니면 과연 하나님 주도적인 기획인지 판명될 것이다. 과연 야웨 하나님, 이스라엘 조상의 하나님이 탈출한 히브리 노예들에게 거룩하신 하나님으로 나타나실 것인가? 모세는 하나님에게서 파송된 종인가? 아니면 자신의 정치적 야심을 위하여 무모한 출애굽 기획을 추진한 것인가?

이런 긴장 속에서 홀로 시내산으로 오른 모세에게 하나님은 출애굽의 목적을 단도직입적으로 선포하신다(출 19:4,5). '내가 애굽 사람들에게 무엇을 행하였는지와 내가 어떻게 너희를 독수리 날개로 업어 내게로 이끌었는지 너희들은 친히 보았다. 비록 온 세계가 내게 속하였으나 너희가 내 말을 듣고 나와 맺은 계약을 지키면 너희는 열국 중에서 내게 특별하게 소유된 백성이 될 것이며 나를 위하여 제사장 왕국이 될 것이며 거룩한 공동체가 될 것이다'(필자 사역). 여기서 하나님은 이스라엘의 애굽 탈출을 순전히 하나님 자신의 절대 주권적인 결단으로 감행하였음을 강조하신다. 이스라엘이 시내산에 올라 하나님의 언약 백성으로 살아가도록 초청받는 것 자체는 애굽 사람들에 대한 심판의 결과 열린 가능성이라는 것이다(4절). 여기서 하나님을 독수리에 비유하는 수사법(신 32:11)은 출애굽 구원이 이스라엘의 자발적이고 주체적인 기획이 아니라, 순전히 하나님 자신의 거의 일방적이고 주도적인 기획임을 강조한다.

시내산 일대를 나는 독수리들은 날개가 돋아나는 어린 새끼들에게 나는 훈련을 시키기 위하여 날개 위에 업어 엄청나게 높은 허공 위에 집어 던진다. 땅에 떨어질 무렵 다시 날개로 업어 올리며 새끼가 날 수 있을 때까지 맹훈련한다. 이처럼 하나님께서 친히 이스라엘 백성들이 자유인의 비상(飛上)을 배우도록 애굽에서 이끌어 내셨다. '자유'는 하나님의 배타적 소속에서 터득되는 인격적인 힘이다. 하나님은 여러 나라 민족 중에서 하나님께 배타적으로 소속되는 '자유로운' 백성을 창조하시려고 이스라엘을 출애굽시키셨다. 그런데 이 배타적 소속의 목적은 열국을 위하여 제사장 나라와 거룩한 백성으로서의 사명을 감당하는 것이다(창 12:2). 이스라엘의 특권적 지위는 '온 세계가 다 하나님께 속한다'는 보편적 진리 아래 유지된다. 이스라엘은 온 세계를 위하여 제사장 나라가 되고 거룩한 백성이 되는 초청을 받고 있는 것이다. 이스라엘은 엄숙한 3중적 책임감과 정체성을 유지하기 위해 말씀을 듣고 언약을 지키는 백성이 되어야 한다.

묵상은 하나님이 독수리 날개 위로 우리를 업어 올려 허공에 던져 자유인의 비상을 배우도록 훈련하시는 과정이다. 여기서 하나님의 날개 위에 얹히는 경험을 하게 된다. 하나님은 우리가 하나님을 믿고 하나님의 날개 위로 업히기를 기대하신다. 우리는 하나님 아버지의 날개 위에 업혀 허공에 던져져 기어코 날아야 한다. 묵상은 독수리 날개가 날 때까지 허공에서 자유 낙하를 하다가 하나님의 날개 위로 되올려지는 훈육이다. 우리는 묵상을 통해 하나님의 날개 위에 업혀 허공을 나는 독수리로 자라 간다.

기진맥진한 성도를 하나님 보좌로 날아오르는 독수리로 조련하는 묵상

이사야 40:26-31은 불평하는 야곱에게 천군·천사를 지으신 창조주 하나님을 앙망하라는 예언자의 권고다. 본문의 청중은 억울함과 원통함이 다 풀리지 않은 채 출바벨론하여 가나안으로 되돌아가야 하는 귀환 포로들이다. 귀환 포로들은 자신들이 바벨론에서 당한 억울한 일들은 하나님께 가려져 신원되지 못했다고 불평했으며, 자신들은 하나님의 돌봄 밖으로 버려진 존재라고 항변했다. 그때 들려주신 하나님의 대답이 바로 이사야 40:26-31이다. 먼저 하나님은 자신이 창조한 모든 피조물을 하나도 빠짐없이 불러 그것들이 창조된 모습 그대로 잘 있는지를 점검하고 살피는 창조주 하나님임을 강조하신다. 자신이 지은 피조물 중 누구도 이 보살핌의 대상에서 탈락되지 않았다는 것이다. 그리고 하나님은 그분의 천군·천사를 부려 이스라엘의 억울함을 능히 해소하실 수 있다고 확신시킨다.

하나님은 '천군·천사'(히. '차바', 개역개정의 '만상'은 부정확한 번역)를 수효대로 불러낼 뿐만 아니라, 그것도 이름을 각각 불러 가며 그분 앞에 집합시키는 능력의 하나님이시다. 하나님이 불러내시는 이 천군·천사들(창 2:1에서 '만물'로 번역된 '차바')은 하나님의 뜻을 이 땅의 역사에 종횡

무진 펼치는 대리자들이다(시 103:19-22). 이 하나님의 명령으로 천군· 천사들이 역사 속을 헤집고 다니면 인간 역사는 파천황의 대변동을 겪을 수밖에 없다. 하나님은 그분이 지으신 천군·천사들을 통해 그렇게 떵떵거리던 세상의 귀인들과 사사들을 초개처럼 일순간에 말려 버리는 역사 변혁을 일으키신다. 이스라엘/야곱을 괴롭게 하던 지상의 모든 귀인과 사사를 일순간에 무로 돌리신다는 것이다. 이사야는 피곤한 자, 기진맥진한 자, 넘어지고 쓰러지는 자들이 눈을 들어 권세와 권능이 크신 창조주를 앙망하면, 새 힘이 솟아날 것임을 확언한다. 하나님을 앙망하는 자는 하나님의 힘을 덧입는다는 것이다.

묵상은 독수리이신 하나님을 앙망하는 훈련이다. 아직 날지 못하는 새끼 독수리 이스라엘은 어미 독수리이신 하나님을 앙망하면 어느새 비상하는 독수리가 된다. 그래서 하나님을 지속적으로 앙망하는 이스라엘은 독수리가 날개 쳐 창공을 차오르듯이 자기를 얽매던 땅의 중력에서 벗어난다. 바벨론의 중력을 박차고 가나안 땅으로 날아갈 새 힘을 얻게 된다.

묵상은 이사야 40:29의 위력을 경험하는 첩경이다. "피곤한 자에게는 능력을 주시며 무능한 자에게는 힘을 더하시나니." 피곤, 무능은 어떤 맥락에서 나오는 말일까? 31절에 비추어 볼 때 귀환 포로들이 출바벨론 후 가나안 귀환 여정에서 겪을 수 있는 피곤과 무능일 것이다.

바벨론에서 가나안 땅까지 천 킬로미터나 되는 먼 여정은 젊은이들마저도 탈진시킬 수 있는 고난의 대장정이다. 30절 하반절에는 부정사 절대형이 정동사 앞에 나와 '정녕', '반드시'라는 부사적 의미를 덧붙인다. "젊은이들도 기력이 약해지고 지치고 피폐해지며, 강장한 청년들(히. '바후림')이라도 정녕 쓰러지고 쓰러지리라." 30절 하반절은 '바후림'을 주어로 하는 상황절이다. 출바벨론 후 가나안 고토 귀환 여정은 젊은이들이 피곤하고 곤비케 될 뿐만 아니라 강장한 청년들마저도 확실히 쓰러지는 고난의 장정이라는 것이다. 31절은 이 절박한 상황에 대한 응답이다. "야웨를 앙망하는 사람들은 그들의 힘을 갱신할 것이며, 그들은 독수리처럼 날갯짓하며 비상하리라. 그들은 달려도 곤비치 아니하겠고 걸어가도 쇠약해지지 아니하리라."

묵상은 어미 독수리 야웨를 앙망하다가 마침내 날아오르는 독수리로 변신하는 연단이다. 창공을 날아오른 독수리는 더 이상 땅의 중력에 매이지 않고 하나님의 초월적 조감 능력으로 현실을 재해석할 수 있다. 창공을 높이 나는 독수리는 높은 하늘을 가로질러 부는 기류를 타고, 날개를 치지 않아도 은혜의 활강과 비상을 다 할 수 있다. 묵상을 깊이 철저하게 하는 성도는 성경 말씀의 창공에 부는 은혜의 기류에 날개를 맡길 수 있다.

하나님의 날개 아래 지친 영혼을 피신시키는 묵상

묵상은 어둠에 추격당한 영혼이 하나님의 날개 아래서 피신했다가 마침내 새벽을 깨우게 하는 대반전 드라마를 창조한다. 시편 57편은 어둠의 세력에게 아둘람 굴, 주님의 날개 그늘 아래로 피신했다가 동지들을 규합해 마침내 새벽을 깨우겠다는 결단에 이른 다윗의 간증이다. 본문의 표제에는 "다윗이 사울을 피하여 굴에 있던 때에"라는 말이 붙어 있다. 사무엘상 22, 24, 26장이 다윗이 굴에 피신해 있었을 때 일어난 일을 다룬다. 이 동굴 은신 경험을 다윗은 야웨 하나님의 날개 그늘 아래 피신한 경험이라고 말한다. 시편 62, 69편 등에서 다윗은 자신의 영혼을 이렇게 타이른다. "내 영혼아, 잠잠하라, 오로지 야웨만 의지하라." "시시로 억하심정을 하나님께 토로하라." 하나님께만 모든 억하심정, 원통함을 토로할 수 있는 내밀한 공간에서 다윗은 하나님의 날개 그늘(보호)을 깊이 경험했다. 묵상은 하나님의 동굴로 깊숙이 들어가 하나님의 날개 그늘의 실체를 경험하는 학습이자 훈련이다.

다윗은 자신을 추격하는 어둠의 세력(사울)에게 10년 이상 쫓겨 다니며 하루하루 사는 것이 힘겨운 도망자였다. 마온 황무지, 십 황무지, 엔게디 동굴, 모압 땅, 블레셋 등지를 유리방황하는 다윗은 아둘람 동굴로 간신히 피했다. 다윗이 쫓겨 다니던 그때 사울왕은 이스라엘을 공평과 정의로 다스리지 못했고, 사회·경제적 약자들은 땅을 빼앗기고 도망치는 일이 비일비재했다. 그러던 어느 날 어둠의 세력인 사울왕 무리에게 쫓겨 다니던 다윗이 결심한다. 그 계기는 400명의 원통한 자들이 동굴로 쇄도한 사건이었다(삼상 22:1-4). 400명의 남자들이 토해 내는 갖가지 억울한 사연들을 듣고 다윗은 어둠의 세력에 이리저리 쫓기면서도 자신만 살아남으려는 마음을 고쳐먹었다. '더는 나 혼자 살아남기 위해 어둠의 세력을 피해 숨어 다니지 말고, 어둠의 세력에 희생당한 사람들을 모아 새벽 공동체, 정의와 공평이 샘솟는 나라를 건설해야겠다.' 사울왕이 다스리는 세상은 환난, 고통, 원통한 사연, 빚을 급증시키는 세상이었기 때문이다. 그래서 다윗은 하나님의 무궁한 인애를 온 세상 사람들이 나누고 즐기는 새 세상, 즉 새벽을 깨우기로 결심했다. 어둠이 자연스럽게 물러가기를 기대하기보다는 적극적으로 새벽 나라를 구상하고 세우기로 결심한 것이다.

다윗은 자신의 원통, 비통, 억울함을 하나님께 토설하고 사람들에게 쏟지 않겠다고 결심하며 하나님의 날개 그늘 아래 자신을 맡겼다(시 57:1, 2). 재앙이 잦아들 때까지 동굴에 숨어 낮게 포복하며 지존하신 하나님께만 모든 것을 토하겠다는 것이다. 지존하신 하나님께 토설하는 자만이 원수의 비방, 화살, 칼, 창, 웅덩이, 음모담론에 맞설 수 있었기 때문이다(시 57:3, 4). 다윗은 자신이 찬양하고 믿는 하나님이 하늘 높은 곳에서 감찰하사 이 어처구니없는 상황을 조정해 주시길 간구했다. 다윗은 어둠이 지난 후 하나님 나라가 올 것을 확신하면서 하나님 나라를 400명에게 먼저 선포하고 그들을 위로했다. 시편 57:7, 8의 히브리어를 직역하면 이렇다.

"확정되었다 / 내 마음이 / 하나님이시여! / 확정되었다
내 마음이 / 나 노래하리라 / 찬미하리라."
"새벽아, 깨어나라."
"내 영광아, 깨어나라."
"비파야, 수금아, 내가 깨우리로다. 새벽을."

묵상은 재앙의 폭풍이 쇄도할 때 하나님의 날개 그늘로 피할 길을 만들어 준다. 묵상은 어둠에 추적당한 자에게 새벽을 깨울 결심을 창조한다.

옥명호

묵상은 밥상이다

「복음과 상황」 기자로 일했고, 홍성사와 IVP 편집장을 거쳐 다시 「복음과 상황」에서 편집장으로 재직했다. 지금은 1인 출판사 잉클링즈를 꾸려 가고 있다. 오래 성경 묵상을 이어 오고 있으며 『나를 넘어서는 성경 묵상』(비아토르) 등을 썼다.

더불어 살다, 안에서 자라다

20대 중반에 예수 그리스도를 받아들인 이래 50대 중반에 이르기까지 나는 성경을 통해, 성경과 함께 더디지만 그리스도인으로 자라 가고 있다. 방언이든 환상이든 꿈이든 별다른 영적 체험이 없는 나는 오직 말씀을 통해, 말씀 안에서 조금씩 성장해 왔다. 성경은 이 믿음의 여정에 길잡이와 이정표가 되어 주고, 빗나가는 삶의 방향을 교정해 주었다. 지금도 비뚤어지고 완고해지는 마음을 깨뜨려 준 성경 구절들은 여전히 내 마음판에 새겨져 있다. 내가 어떤 존재이며 어떤 지향점을 품고 살아가야 하는지 때마다 일깨우고 이끌어 준 '한 구절'의 말씀이 있었기에 나는 이토록 살아 왔고 한 뼘씩이나마 자랄 수 있었다. 성경을 읽고 묵상하며 그 말씀으로 기도할 때 하나님의 경고가 나를 일깨웠고, 하나님의 약속이 나를 힘 있게 했으며, 하나님의 명령이 흔들리고 어긋나려는 내 삶을 바로잡아 주었다. "그런즉 선 줄로 생각하는 자는 넘어질까 조심하라"(고전 10:12). 세상에서 자리를 잡았다고 여기는 중년을 지나는 이즈음엔, 이 말씀이 무시로 나를 일깨우고 스스로 경계하게 한다. 하여 되풀이하여 읽고 거듭 옮겨 적으며 마음에 새기고 있다.

대학 시절 IVF(한국기독학생회)와의 만남은 인생의 큰 전환을 불러왔다. 일대일 성경 공부('원투원')를 통해 예수 그리스도를 나의 주시요 구원자로 '영접'했다. 그러나 이는 인식론적 수용이었고, 존재론적으로는 완고한 자아의 저항이 쉬이 꺾이지 않았다. '대체 얼마나 죽을죄를 지었다고 죄인이란 건가' 하며 완강히 버티었으니, 여전히 진정한 회심에 이르지 못한 반쪽짜리였다. 그로부터 몇 달 후 겨울수련회에서 소그룹 성경 공부 중 한 말씀에 이르러 나는 비로소 꺾이고 엎드렸다.

> 순종하는 자녀로서 여러분은 전에 모르고 좇았던 욕망을 따라 살지 말고, 여러분을 불러 주신 그 거룩하신 분을 따라 모든 행실을 거룩하게 하십시오. (벧전 1:14-15, 새번역)

그때까지 따르며 살아 온 욕망을, 나를 주도해 온 그 욕망을 버려야 한다는 말씀이 나를 무너뜨렸다. 이제까지 품어 온 삶의 지향이 틀렸다고, 힘을 다해 달려가던 과녁이 잘못되었다고, 생의 방향과 목적을 싹 뒤집어엎고 새롭게 출발해야 한다고 일깨웠다. 주린 사자같이, 걸신들린 야수같이, 나를 부리고 옭아매 온 욕망을 이루기 위해 스스로 채찍질하고 자주 자책하던 나날들이 주마등처럼 지나갔다.

"전에 모르고 좇았던 욕망"("알지 못할 때에 따르던 너희 사욕", 개역개정)을 영어성경 NIV는 "the evil desires"(악한 욕망)로 옮겼다. 나는 이제껏 하나님을 알지 못하는 무지에서 비롯된 '악한 욕망들'을 인생의 소망인 양, 목적인 양 추종하며 살아 왔던 것이다. 하지만 이제는 '거룩하신 분'을 본받아 모든 행실에서 거룩한 삶을 살라는 부르심 앞에 엎드렸다.

그 말씀으로 나는 뜨거움을 느꼈고 자유로움을 경험했다. 엠마오로 가는 길 위에서 부활하신 예수님이 풀어 주시는 말씀을 들으며 마음속 깊이 뜨거움을 경험한 두 제자처럼, 나도 진리의 말씀이 주는 뜨거움으로 그렇게 타올랐다. 일평생 성경을 사랑하고 의지했던 복음주의자 존 스토트(John R. W. Stott)가 "우리 마음에 불이 붙는 때는 진리를 묵상할 때"라고 한 그런 시간이었다.

그 수련회 이후 방학 중에 김병년 간사(현 다드림교회 담임목사)의 인도로 같은 대학교 IVF 멤버들이 함께하는 성경읽기 1박 수련회에 참여했다. 함께 성경을 읽고 묵상하고 질문하며 풀어 주고 기도하던 시간, 한 식탁에서 함께 밥을 지어 먹고 잠시 쉬며 담소하는 시간을 빼고는 잠들기 전까지 꼬박 성경만 읽고 묵상하고 기도하던 그 뜨거웠던 시간을 잊을 수 없다. 인도자나 참여자 모두 '마음에 불이 붙는' 시간이었다. 그 시간이 있었기에 나는 여전히 성경을 읽고 묵상하고 기도하면서 부족하나마 믿음의 여정을 이어 가고 있다.

예수 그리스도를 영접한 이후 서른 해가 지나는 동안 성경 묵상은 계속되어 왔다. 더러 건너뛰기도 했고, 건성건성 할 때도, 율법적으로 할 때도 적지 않았다. 그럼에도 포기하거나 중단하지는 않았다. 성경을 읽고 묵상하고 기도하는 시간이 없다면, 더 이상 나는 그리스도인으로 살고 성장하지 못할 것이다. 밥상이 인간의 생존뿐 아니라 성장에도 필수이듯 묵상은 내가 그리스도인으로 살고 자라 온 과정에서 결코 뺄 수도, 뗄 수도 없는 요소였다.

밥상은 음식을 갖추어 차린 상을 말한다. 바쁜 현대인들은 격식을 차리기보다는 비교적 간소하게 한 끼를 해결한다. 간소하든 푸짐하든, 하루 일과를 보내고 더러 힘겨운 일정을 소화할 에너지를 얻으려면 누구라도 먹어야 한다. 그렇게 매 끼니 대하는 밥상이 때마다 기막히고 환상적일 수는 없다. 그저 날마다 딱히 새로울 게 없는 메뉴와 맛으로 채운 밥상일지라도 그 한 끼가 하루를 살아갈 기력을 채우고 활력을 솟게 한다면 그로써 족하지 않을까. 묵상 또한 내겐 매번 뜨겁고 충만한 시간은 아니었다. 그런 점에서 내게 묵상은 밥상과 다를 바가 없다.

돌아보니 밥상을 거른 날들보다는 묵상을 건너뛴 날들이 더 잦았다. 몸에 밴 습관에 따라 때가 되면 밥상을 찾듯, 습관적으로 형식에 따른 묵상을 하는 날도 많았다.

육체적이고 원초적인 허기가 밥상을 더 반기고 달가워하게 만드는 반면, 영적 배고픔은 감지하지 못할 때도 잦아서 묵상을 밥상보다 훨씬 소홀히 하곤 했다. 밥상을 찾을 땐 의무나 당위로 하지 않으면서, 묵상할 땐 율법적 태도나 의무감이 자주 끼어들었다.

교회 중직자로 한 교회를 20년 넘게 다니고 있는데, 연말마다 '신앙 점검표'를 작성해서 제출한다. 한 해 동안 성경 묵상을 한 횟수와 소요 시간, 기도 횟수와 소요 시간, 가정예배 횟수 등을 적어 내야 하는데, 어느 해든지 열두 달 가운데 묵상을 좀 더 근실히 하는 기간이 있는가 하면, 급히 하고 넘어가거나 빼먹는 시기도 있었다. 그런데 점검표를 작성할 때는 제대로 잘한 기간을 기준으로 써 냈다. 당연히 죄책감이 뒤따랐다.

죄책감은 점검표 작성 과정에서만 생기는 게 아니었다. 묵상을 급히 하고 넘어갈 때나 빼먹을 때는 '내 신앙이 아직 한참 멀었구나' 하고 스스로 자책하고 나무라는 마음이 일었다. '이렇게 묵상을 빼먹는데도 기도에 응답해 주실까?' 하는 정도는 아니어도, 실패감이 들고 하나님 앞에 나설 자격이 없다고 느끼는 건 별다르지 않았다. 과거에 경험했고 요즘도 드물게 느끼는 이런 심리 상태를 두고 '큐티 죄책감'으로 이름 붙인 글을 읽었을 때 몹시 흥미로웠다.

> 큐티는 오늘날 성경을 신봉하는 그리스도인들 사이에 패배감 유발의 첫째 원인이 되고 있다. 거의 대부분의 진실한 그리스도인들은 조만간 성경공부와 기도를 위한 시간을 따로 떼어 놓지 못했다는 것 때문에 깊은 실패감을 느끼고 또 그에 수반하여 죄책감과 수치감을 갖게 된다. 이것이 소위 큐티 죄책감(Quiet Time Guilt)이라 불리는 상태이다. … 큐티 죄책감으로 고생하는 그리스도인은 하나님께서 자신의 삶 가운데 역사하시는 것을 찾다가 절망하게 되고 결국에는 포기하고 만다.
> 그는 교회 출석같이 외형적이고 공적인 헌신은 계속할지 모르지만 속으로는 자신이 위선자라고 느낀다.
>
> (송인규, 『한국 교회 큐티 운동 다시 보기』, IVP, 212쪽)

이는 신앙생활에서 가시적 행위를 지나치게 강조하고 높이는 한국 교회의 오랜 율법주의 경향과 관련이 있다. 샤머니즘이 깃든 신앙 행위를 하나님께 복 받는 길이라며 교회 차원에서 기획하고 시행하는 경우를 제법 보아 왔다. 성경 읽기와 묵상도 일주일에 6일, 하루 30분 이상 하기를 권면하고 격려하는 수준을 넘어, 과제 검사하듯 점검표 제출을 의무화하는 경우도 있었다. 교회 차원의 이런 신앙 활동에 제대로 참여하지 못할 경우 자책감이나 패배의식에 빠질 텐데, 주요 직분자라면 더하지 않을까.

이와 반대로, 기준 이상으로 수행했을 경우 신앙적 자만심이나 우월감, 자기 의에 도취될 수 있는데 이는 자책감보다 훨씬 위험해 보인다. 날마다 일정 시간 이상 묵상을 성실히 쌓아감으로써 신앙의 질적 성장을 이룰 수 있다는, 이른바 '양질전화(量質轉化)의 법칙'을 부정하는 게 아니다. 행위주의와 율법주의를 경계해야 한다는 얘기다. 예수님은 친히 가르치실 정도로 기도를 강조하셨지만, 율법주의에 따라 사람들 앞에 내보이는 방식으로 기도한 바리새파 사람들을 크게 나무라시고 심지어 저주하시기까지 했다.

이제는 성경 묵상을 율법적으로 강조하고 강요하는 분위기는 없어졌으면 한다. 외적으로 드러나는 신앙 행위나 활동으로 신앙 수준을 판단하고 평가하는 오랜 관행은 사라졌으면 한다. 존 스토트가 말한 것처럼, 성경을 기계적으로 읽거나 묵상하는 행위 자체가 마법 같은 힘을 가진 것은 아니니까 말이다.

밥상의 불균형, 묵상의 오염

식탁에 올라오는 음식 가운데 육류를 반기지 않는다. 채소류를 좋아하고 해조류라면 사족을 못 쓴다. 생선을 포함한 해산물은 무척 즐기지만, 육류에는 입이 몹시 짧다.

특히 장기나 특정 부위로 요리한 음식은 아예 입에 대지 않는다. 곱창·대창·막창류는 먹어 본 적이 없다. 아내가 좋아하는 족발과 순대의 맛을 나는 잘 모를뿐더러 거의 먹지 않는다. 닭발은 눈으로 보기도 꺼릴 정도니 입에 넣을 일이 있을까. 알탕은 좋아하지만, 소닭 · 돼지 · 내장탕은 생각만으로도 힘겨울 정도다.

이는 음식에 대한 개인의 입맛이나 취향의 문제이겠으나, 오래도록 뇌리에 새겨 온 '의식', '사고', '상상'이 반영된 편견이나 선입관의 문제이기도 하다. 그렇다 보니 맛을 보기도 전에 결론을 내리기도 한다. 조리한 음식의 형태나 때깔, 재료 따위를 근거로 맛의 유무나 식감을 먼저 판단하거나 맛과 상관없이 '안 먹고 싶다'고 결정짓는다.

밥상에 개인적 편견이나 선입관이 끼어들면 편식으로 이어질 가능성이 커진다. 편식(偏食)은 뜻 그대로 '치우친 식사' 또는 '반쪽짜리 식사'를 뜻한다. 밥상에 편견과 선입관이 개입하면 결국 영양학적 균형이 사라지고 건강에 부정적 영향을 끼칠 수도 있다. 이게 비단 밥상에만 해당하는 이야기일까. 존 스토트는 내가 밥상머리에서 오래도록 지녀 온 개인적 취향과 편견을, 성경을 읽고 묵상할 때도 답습할 수 있다고 강조한다.

> 우리는 우리 자신의 의제, 편견, 질문, 선입관, 관심사와 확신을 가지고 성경을 읽게 되며, 극도로 주의하지 않으면

성경 본문에 이러한 것들을 부과한다.

(『존 스토트의 기독교 강요』, 비전북, 188쪽)

그러면서 성경을 읽기 전에 "내 눈을 열어서 주의 율법에서 놀라운 것을 보게 하소서"(시 119:18) 하고 진심으로 기도한다 해도, 듣기 원하는 메시지나 보기 원하는 '놀라운 것'만 보여 주시기를 사전에 규정해 버릴 수 있다고 지적한다. 그 결과 자신이 기대하고 바라는 바와 정반대 메시지나 '혼란스러운 것'을 읽을 경우, 실망하여 돌아서거나 하나님 말씀이 아니라며 외면할지도 모를 일이다. 이는 성경 묵상 자체의 문제가 아니다. 개인적 욕구나 의제의 개입으로 인한 묵상의 오염, 묵상의 혼탁이 문제인 경우다. 송인규 교수는 다음과 같이 말한다.

성경 내용을 묵상하고자 할 때, 만일 본문 가운데 자기가 목말라하던 내용이나 사태, 혹은 설명이 나오면 그것을 스펀지처럼 빨아들인다. 또 직접 연관이 없는 구절도 그 본문을 자신에게 유리한 방향으로 해석하여 감동을 받는다. (송인규, 210쪽)

이렇게 마치 편식하듯 자기 입맛에 맞는 방식으로 왜곡해서 성경을 읽고 묵상하는 것은 결국 "자신의 신념을 강화시키고 자기 왕국의 비전을 확대하는 데 좋은 수단"

으로 변질될 수 있다. 송 교수는 이렇듯 묵상을 왜곡하는 그릇된 마음 상태로 '기복적 욕망', '고착화된 개인주의적 관점', '이기주의적 열심', '탐욕과 성공주의적 집착', '적극적 사고방식' 등 다섯 가지를 제시한다. 따라서 묵상 과정에 세속적 욕망의 틈입을 늘 경계하고 주의를 기울여야 할 일이다.

개인을 넘어 공동체 묵상으로

올해 들어 교회 소그룹 안에서 함께 성경을 읽고 묵상하고 기도하는 시간을 꾸준히 이어 오고 있다. 현재 에베소서 본문을 여러 역본으로 바꿔 가며 보는데, 지금은 공동번역을 읽는 중이다. 유서 깊은 성경읽기 방법인 렉시오 디비나(*Lectio Divina*), 곧 '거룩한 독서' 방식을 활용하되 '읽기(*lectio*)–묵상(*meditatio*)–기도(*oratio*)–관상(*contemplatio*)'의 네 단계 중 관상을 제외한 세 단계를 따라 한다.

40대 초반에서 50대 중반의 분주한 직장인 형제들을 온라인으로 만난다. 간단한 인사 외에 일상 이야기나 삶 나눔을 최소화하고 5분 안팎의 침묵 기도로 시작하는데, 여러 생각이나 감정, 잡념에 빠지지 않기 위해 '예수 기도'(Jesus Prayer)를 활용한다. 들숨에 '하나님의 아들 예수 그리스도시여', 날숨에 '죄인인 저를 긍휼히 여기소서'라고 고백하는 식이다. 그런 다음 15-20분 동안 말씀을 읽고 묵상하는데, 무엇보다 스스로 깨달으려는 능동성을 내려놓고 기록된 본문을 통해 하나님이 들려주시는 메시지에 귀 기울이는 경청과 수동적인 태도를 지키려 한다. 길지 않은 성경 구절을 함께 소리 내어 읽고 나서, 다시 경청의 마음으로 홀로 그 구절을 두세 번 이상 되풀이하여 읽는다. 그런 다음 잠잠히 그날 말씀을 묵상하면서 마음속에 떠오르는 생각이나 아이디어, 감정을 적기도 한다. 어떤 단어나 표현, 특정 구절이 마음에 와 닿는다면 그 단어와 구절을 되새기고 집중하면서 마음속에 떠오르는 생각이나 감동을 곱씹거나 정리한다. 이어 하나님의 뜻과 교회 공동체, 자신 및 가정, 직장 등과 연결 지어 떠오르는 점을 되짚어 본 뒤, 5-10분 정도 하나님과의 대화 및 기도 시간을 가지며 마음과 감정, 생각 등을 고백하고 아뢴다. 마지막으로, 다시 한 번 본문에서 읽은 단어나 표현, 떠오른 아이디어를 중심으로 하나님이 어떤 권면을 하시는지, 일상에서 응답하려면 어떻게 해야 하는지 잠잠히 정리하는 시간을 갖는다.

묵상 나눔은 모든 순서를 마친 후 나누려는 이가 있을 때 자유로이 하며, 한 사람씩 돌아가며 얘기하는 방식은 압박과 부담을 줄 수 있어 피한다. 얼마 전에는 묵상한 내용보다 소그룹 묵상 시간 자체에 대한 소감을 짧게 나누었는데 깊이 공감이 갔다.

번잡하고 피곤한 한 주간의 일상 때문에 오늘은 사실 참여하고 싶지 않았다. 그런데 막상 말씀을 함께 보고 나니 참여하길 잘했다는 생각이 든다. 마음이 평안하고 가벼워졌다.

내 경우도, 목욕탕에 들어가기 싫었는데 막상 목욕을 하고 나오니 개운함을 느끼는 그런 마음이었던 것 같다. 잠시 다른 생각이 들기도 했지만, 반복해서 말씀을 읽다 보니 다시 본문으로 돌아올 수 있었고, 하나님께 질문하고 기도하다 보니 시간이 금세 갔다.

근래 교회 내 중요한 이슈를 놓고 제직회에서 긴 시간 팽팽한 긴장 가운데 여러 말이 오가고 언성이 높아지기도 했다. 그날 저녁에도 소그룹 모임이 예정되어 있었다. 모임 자체를 피하고 싶었지만 그럴 수 없었고, 교회 이슈를 재론할 수도 있었지만 그러지 않았다. 그저 해 오던 대로 에베소서 본문을 읽고 묵상하고 기도하는 데 집중했다. 그로써 나는 제직회 이후 머릿속을 어지럽히던 온갖 말들의 소란에서 벗어날 수 있었다. 조직체로서 교회와 구성원들에 대한 회의와 노여움에 사로잡히지 않을 수 있었다. 혼자만의 생각일 수도 있으나, 전원 제직회 구성원인 소그룹 멤버들에게서도 비슷한 느낌을 받았다.

매일 소그룹 묵상을 하지는 않는다. 여전히 개인 묵상이 중심이고, 소그룹으로는 격주 1회로 모인다. 그런데 개인 묵상이 슬럼프처럼 느껴지고 경청하는 태도보다 요청하는 욕구만 커져 가는 요즘 같은 시기에, 소그룹 묵상 시간이 내겐 정말 소중하고 값지다. 내게 있는 식재료만 가지고 혼자 만들어 먹는 것보다 각자 만든 음식을 여러 사람이 가져와 함께 먹을 때 풍성한 밥상을 누릴 수 있는 것처럼, 묵상도 함께 하면 혼자 할 때 맛볼 수 없는 다양한 은혜를 맛볼 수 있다. 혼자서는 입맛이 없다가도 좋은 사람들과 함께 밥상에 둘러앉으면 입맛이 도는 것처럼, 묵상도 혼자 하기 힘들 때 함께 하면 할 수 있다. 혼자 하는 묵상도 소중하지만 함께 나누는 묵상도 소중하다. 이렇게 공동체로 말씀 앞에 나아가 함께 또 홀로 묵상하는 시간이 나를 잠시나마 말씀의 경청자로 다시 무릎 꿇게 한다.

김주련

묵상은 식의주다

성서유니온에서 「매일성경」 책임편집과 출판국장, 대표를 역임했다. 신앙 언어와 일상 언어의 거리에 대한 고민을 담아 『어린이를 위한 신앙 낱말사전』, 『약함을 돌보는 단어들』(이상 성서유니온), 『안녕, 안녕』(선율) 등을 썼다.

들어가며

의식주는 인간생활의 기본 요소라고 부를 만큼 사람이 살아가는 데 필수적이다. 아무리 인류 문명이 발전하고 우리 삶이 놀라운 변화를 이루어도 이 요소들 없이는 살 수 없다. 예수 그리스도를 주(主)로 믿어 새롭게 태어난 그리스도인에게도 이와 같이 필수불가결한 요소가 있다. 그리스도인의 의식주, 곧 '하나님의 말씀'이다. 그리스도인이 된다는 것은 예수를 믿어 이전보다 좀 더 나은 사람이 된 것이 아니라, 질적으로 완전히 달라진 새 사람으로 태어난 것이다. 옛 것(그리스도인이 되기 전)은 지나갔고, 이제 새로운 정체성을 지닌 새로운 존재로 살게 되었다(고후 5:17). 새 사람 그리스도인으로 태어나면서 새로운 영적 기관이 열리고, 새로운 영적 감각이 주어져서 새롭게 보고, 새롭게 듣고, 새롭게 깨닫게 되었다. 이는 저절로 이뤄지는 것이 아니라 영적인 양식인 하나님의 말씀을 묵상해야 가능해지는 일이다. 갓 태어난 아기의 생존과 건강한 삶을 위해 부모의 절대적인 손길이 필요한 것처럼, 하나님의 자녀로 새롭게 태어난 그리스도인도 하나님의 양육을 받아야만 살 수 있다.

"오직 주의 교훈과 훈계로 (자녀를) 양육하라"(엡 6:4)는 바울의 말에서 알 수 있듯이, 하나님의 자녀를 향한 하나님의 양육은 날마다 허락하시는 말씀을 통해 이뤄진다.

말씀이 곧 그리스도인의 양육에 필요한, 먹어야 할 음식이요, 입어야 할 옷이며, 머물러 살아야 할 집이다. 그런 의미에서 그리스도인의 식(食)의(衣)주(住)를 생각해 보려고 한다.

묵상, 말씀을 먹다(食)

나이가 지긋하신 어른들은 자녀에게 전화를 하거나 아랫사람들에게 인사할 때 자주 "밥은 먹었니?"라고 묻는다. 이는 하루 세 끼 밥을 먹기 힘들던 시절에 일상을 잘 살아가고 있는지 확인하는 질문이면서 지금이라도 밥을 챙겨 먹고 힘내라는 격려의 말이기도 하다. 한국성서유니온도 설립 초기인 1970년대에 "아침을 잡수셨읍니까?"라는 표어와 함께 작은 배지를 만들어 성경묵상을 홍보했다. 여기엔 중의적인 의미가 있다. 아침식사도 하지 못하고 출근부터 서둘러야 했던 시기에 아침을 챙기라는 따뜻한 인사이자, 당시 부흥회와 기도로 크게 성장한 한국 교회의 성도들에게 매일 아침 개인적인 성경읽기와 기도를 통해 인격적으로 하나님을 만나는 시간을 갖자는 제안이었다. 아침식사에 대해 언어철학자 발터 벤야민(Walter Benjamin)은 그의 책 『일방통행로』에서 이렇게 말했다. "하루와 마주치기를 꺼려하는 사람은, 사람에 대한 두려움에서든 아니면 내면의 집중을 위해서든 식욕을 느끼지 못한다. 따라서 그는 아침식사를 물리친다. 그만큼 그는 밤의 세계와 낮의 세계 사이의 단절을 회피한다. … 아무것도 먹지 않은 사람은 마치 잠꼬대하듯이 꿈을 이야기한다." 그의 표현에 의하면 아침을 먹지 않은 사람들은 하루 종일 제대로 걷지 못하고 잠꼬대하듯 환상 속에서 살아간다. 이것을 차용하여 그리스도인에게 적용한다면 매일 아침, 성경을 먹지 않고 하루를 산다는 것은 낮에 속하지 못하고 계속해서 밤의 세계에 머물러 있음과 다름없다. 좀 더 심하게 말하면 살아 있다고 하지만 실상은 생명이 없는 좀비와 같다고 할 수 있다. "주 여호와의 말씀이니라 보라 날이 이를지라 내가 기근을 땅에 보내리니 양식이 없어 주림이 아니며 물이 없어 갈함이 아니요 여호와의 말씀을 듣지 못한 기갈이라 사람이 이 바다에서 저 바다까지, 북쪽에서 동쪽까지 비틀거리며 여호와의 말씀을 구하려고 돌아다녀도 얻지 못하리니 그날에 아름다운 처녀와 젊은 남자가 다 갈하여 쓰러지리라"(암 8:11-13)고 말한 아모스의 예언처럼, 지금 우리 시대는 말씀의 기근, 계시의 굶주림으로 저마다 목이 마르고 허기져서 좀비처럼 비틀거리고 있다. 몸으로는 살아 있는 인간의 모습을 하고 있지만 영으로는 죽은 시체처럼 생명의 말씀을 듣지도 못하고 선한 일을 행할 의지도 없어서 죄의 노예처럼 부림을 당하고 있다. 죽은 자들이 살아나는 일은 생명의 말씀을 들을 때 가능하다.

우리 주님은 "진실로 진실로 너희에게 이르노니 죽은 자들이 하나님의 아들의 음성을 들을 때가 오나니 곧 이때라 듣는 자는 살아나리라"(요 5:25)고 말씀하시고 이어서 오병이어로 굶주린 사람들을 흡족히 먹이셨다. 성경 곳곳에는 말씀으로 죽은 자를 살리고 이어서 음식을 먹게 하는 장면이 기록되어 있다. 회당장 야이로의 딸을 살리시고 소녀에게 먹을 것부터 주라고 하신 주님처럼, 유두고라는 청년을 살리고 함께 음식을 먹은 바울 사도처럼, 그리스도인인 우리 역시 비틀거리는 이 시대에 생명의 말씀과 함께 먹을 것을 나눌 수 있어야 한다. 먼저 실의와 낙담에 빠진 제자들을 향해 떡과 생선을 구워 놓으시고 "와서 조반을 먹으라"(요 21:12) 초청하신 주님의 식탁에 즐거이 참여하고, 이제 그 식탁의 은혜를 맛본 자로서 우리도 이 세상의 아침을 알뜰히 챙길 수 있기를 소망해 본다.

세상에서 가장 듣기 좋은 소리는 '내 새끼 목구멍에 밥 넘어가는 소리'라는 말이 있다. 가난하던 시절에 자녀들이 둘러앉아 밥 먹는 소리야말로 부모의 귀에 가장 달콤하고 아름답고 행복한 소리였다. 이는 가난한 시절만의 이야기가 아니라 요즘 부모도 자녀의 입에 음식이 들어가는 모습을 흐뭇하게 바라본다. 동서고금을 막론하고 세상 모든 부모의 마음이 같을 것이다. 그런데 만일 내 새끼에게 먹일 음식이 없거나 음식이 있어도 먹을 수 있는 처지가 안 되어 음식을 먹지 못하는 경우라면 부모는 마음이 아프다 못해 창자가 끊어질 듯한 고통을 겪을 것이다. 복음서에서 마태와 마가는 각각 예수님이 오병이어로 오천 명을 먹이신 일을 기록하면서 빈들에서 먹지 못하고 굶주린 사람들을 바라보시고 불쌍히 여기시며 먹을 것을 마련하셨다고 했다. 여기서 '불쌍히 여기셨다'는 말은 예수님의 창자가 아리고 아프다는 뜻으로, 사랑하는 자녀를 향한 부모의 애끓는 마음을 표현한 것이다. 사랑하는 자녀가 제때 먹을 것을 먹지 못하고 있는 모습은 부모에게 창자가 끊어질 만큼 아프고 쓰린 고통이다. 하나님도 우리가 제때 먹어야 할 영적인 양식인 하나님의 말씀을 잘 챙겨 먹기를, 그래서 제 나이에 걸맞게 성장하기를, 마침내 그리스도의 장성한 분량에 이르기까지 자라기(엡 4:13)를 애끓는 마음으로 바라보신다. 하나님의 자녀인 우리 목구멍에 때마다 말씀이 넘어가는 소리가 하나님의 귀에도 가장 듣기 좋은 소리가 아닐까.

성경을 묵상한다는 것은 우리가 음식을 먹을 때 오감을 사용하는 것처럼 적극적인 섭식활동이다. 성 빅토로의 후고(Hugonis de Sancto Victore)를 해설한 책 『텍스트의 포도밭』에서 이반 일리치(Ivan Illich)는 "대학 이전의 수도원은 중얼거리고 우걱거리는 사람들이 사는 것으로 묘사되었다"고 하면서 이 시기에 성경을 읽고 묵상하는 수

사는 새김질하는 소에 비유되었다고 했다. 또한 눈으로만 읽으면서, 입으로 읽는 읽기가 모든 감각에 영향을 줄 때 생겨나는 경험을 잃어버렸고 맛과 냄새를 표현하는 어휘도 시들고 움츠러들었다고 했다. 성경 읽기를 음식을 먹는 행위에 비유한 것은 음식을 입에 넣고 씹는 것처럼 단지 성경을 입으로 중얼거리는 것만을 의미하지 않을 것이다. 음식이 몸 안에 들어가 소화되면서 얼굴이 환해지든지 배를 앓든지 어떤 신체 활동을 일으키듯이, 입으로 소리 내어 읽은 말씀이 우리 삶에 분명한 변혁을 일으키는 것을 의미했다. 이반 일리치는 같은 책에서 "배움의 시작이 읽기에 있지만, 그 절정은 묵상에 있다"고 한 후고의 가르침을 설명하면서 신체 활동으로서의 전인적인 성경 읽기를 언급했다. 즉 우리가 성경을 읽고 묵상한다는 것이 단순히 눈으로 텍스트를 따라 읽어 가는 것에서 그칠 수 없는 일임을 분명하게 깨닫게 하는 기록들이다. 성경을 읽고 묵상하는 일은 성경을 통해 말씀하시는 하나님께 연결되어서 말씀과 상호 작용한 결과로 삶의 변혁을 이뤄 내고야 만다.

먹는 것으로서의 성경 묵상은 성경 읽기가 피상적일 수 없고 살아 계신 하나님과의 친밀한 관계 속에서 이뤄져야 할 인격적인 일임을 드러낸다. 이는 우리가 아직 어릴 때는 젖과 같은 음식으로 흡족했지만 점점 자라면서 이유식도 하고 단단한 음식을 먹는 것처럼, 영적으로 성장할수록 입에는 꿀같이 달지만 먹은 후에 배에서는 쓰디쓴 하나님의 말씀도 받아먹어야 함을 의미한다. 국제성서유니온의 성경 읽기 코디네이터였던 폴린 호가스(Pauline Hoggarth)가 『세상 속으로 들어온 말씀』에서 클라우디오 에틀(Claudio Ettl)의 요한계시록 10:8-11 주석을 인용한 내용이다. "하나님의 말씀은 우리가 가능한 모든 감성을 동원하여 삼키고 받아 들기를 원한다. 그러나 또한 말씀은 결코 쉽게 소화되는 음식도, 미리 조리된 인스턴트식품도 아니다. 꼭꼭 씹어서 소화시켜야 하며 열심히 소모시켜 체화시켜야 한다. 처음에는 이해할 수 있는 것 같고 쉽게 이해되는 것처럼 보이지만 최종적으로 그것을 삼키면, 격렬한 복통을 유발하고 우리 내면의 평화를 뒤흔들고 파괴해 버릴지도 모른다. 말씀은 우리가 무관심한 상태로 머물러 있도록 놔두지 않는다. 우리를 점령하여 반응하게 만든다. 불편한 질문을 제기하고 행동하게끔 도발할 수도 있다."

밧모섬의 요한과 마찬가지로 그발 강가의 에스겔도 하나님의 말씀을 먹으라는 지시에 따라 두루마리 책을 받아먹었는데, 그 책의 안팎에는 애가와 애곡과 재앙의 말이 기록되어 있었다(겔 2:8-10). 아담과 하와가 먹었던 에덴동산의 먹음직도 하고 보암직도 하고 지혜롭게 할 만큼 탐스러운 것이 아니었다. 그럼에도 에스겔은 입에서 달지만 배에서는 쓴 말씀을 삼키고 자기 백성에게 가서 두려움 없이 그 말씀을 전했다. 사도 베드로가 권면한 말씀처럼 우리가 날마다 "갓난아기들 같이 순전하고 신령한 젖을 사모"하여 우리의 구원에 이르도록 자라는 것(벧전 2:2)과 함께, 믿음의 연수에 따라 히브리서 기자의 권면처럼 단단한 음식을 섭취함으로써 연단을 받아 선악을 분별하는 자들로 성숙해 가야 한다(히 5:14). 프랑스의 철학자 루소는 『에밀』에서, 사람이 두 번 태어나는데 처음은 생존하기 위해서 태어나고 그 다음은 생활하기 위해 태어난다고 했다. 생존에서 생활로 넘어가는 것을 성숙이라고 본다면, 우리 그리스도인의 삶도 말씀 묵상이 깊어질수록 생존 차원에만 머물러 있지 않고 선한 생활의 수준을 이루는 삶으로 나아가야 할 것이다.

생존에서 생활로 넘어가는 성숙에는 개인적으로 말씀을 먹는 것과 함께 공동체와 더불어 먹는 식사가 필요하다. 식구(食口)의 사전적 의미인 '한 집에서 함께 살면서 끼니를 같이하는 사람'처럼, 우리도 하나님의 말씀을 같이 먹는 영적인 식구들 가운데 둘러싸여 있어야 한다. 예수님이 누가복음에서 친히 "내 어머니와 내 동생들은 곧 하나님의 말씀을 듣고 행하는 이 사람들"(눅 8:21)이라고 하신 것처럼, 오늘 우리에게도 하나님의 말씀을 같이 먹고 사는 식구가 필요하다. 가족이란 핏줄과 함께 입맛을 나누는 사이다. 오랜만에 가족을 만나면 서로 어릴 적 입맛을 공유하고 있음에 반가워하며 그 음식을 지금은 어디서 구할 수 있는지 정보를 나누곤 한다. 우리 묵상 나눔이 이처럼 끈끈한 말씀의 입맛을 서로 공유하며 함께 울고 웃을 수 있는 하나님 자녀들의 친밀하고도 풍성한 모임이기를 소원해 본다. 누구보다 부활하신 우리 주님이 오늘도 우리와 더불어 먹으며 이 나눔을 친히 이끌어 주실 것이다.

묵상, 말씀을 입다(衣

먹는 것과 더불어 새로 태어난 생명에게 절대적으로 필요한 것이 옷이다. 옷은 단지 몸을 가릴 뿐 아니라 외부의 여러 환경으로부터 몸을 보호한다. 또 필요에 따라 자신의 매력을 표현하거나 신분을 나타내는 역할을 하기도 한다. 성경 묵상이 매일 옷을 입는 것처럼 말씀을 입는 일임을 성경 속에서 발견한다. 먼저 성경은 "그리스도와 합하여 새로 태어난 자는 그리스도로 옷 입었다"고 말한다(갈 3:27). 그리스도로 옷 입었다는 표현은 그리스도의 인격과 성품으로 덧입는다는 말이다. 또한 사도 바울의 설명처럼 "이 썩을 것이 썩지 아니할 것을 입겠고 이 죽을 것이 죽지 아니함을 입"는 것이다(고전 15:53). 아침에 일어나서 일상적으로 행하는 일인 옷 입기처럼 그리스도로 옷을 입고 죽지 아니함을 입는 일이 우리 삶에서 어떻게 구체적이고 실제적으로 이뤄질 수 있을까? 매일 아침 성경 묵상을 통해 우리는 죄와 사망에 노출되지 않고 생명의 보호를 받는 은혜를 경험할 수 있다. 다윗의 생명이 하나님과 함께 생명 싸개 속에 싸였을 거라는 아비가일의 고백(삼상 25:29)처럼, 그리스도인은 묵상과 함께 하나님의 생명의 옷에 둘러싸여 원수들의 공격에도 안전하다.

창세기에서 아담과 하와는 하나님의 말씀에 반역함으로써 자신들의 벗은 몸을 발견하고 상실감과 부족감에 몸을 떨었다. 그리고 벗은 몸을 가리기 위해 뭐라도 해야 할 것 같아 무화과나무 잎으로 옷을 해 입었다. 하지만 그 수고롭게 해 입은 옷은 아담과 하와의 죄를 가릴 수 없기에 그들은 오히려 부끄러움과 두려움으로 숨고 말았다. 하나님이 그들을 위해 가죽옷을 지어 입히시기까지 말이다.

성경 묵상은 십자가 위에서 자신의 몸을 내어 주시고 우리 부끄러움을 완벽하게 덮어 주신 그리스도로 옷 입는 시간이다. 묵상을 통해 그동안 육체의 정욕을 채우려고 했던 생각을 멈추는 훈련을 하며(롬 13:14), 텍스트 속에서 우리가 어떤 신분에 걸맞은 옷을 입고 있는지 발견하고 그리스도인으로서의 정체성을 분명히 확인한다. 매일 아침 거울을 보고 우리 겉모습과 옷매무새를 정돈하는 것처럼 말씀 묵상을 통해 우리 속사람과 그리스도인다움의 존재미를 더욱 빛나게 다듬는다.

옷은 신분과 함께 삶의 방식을 보여 주는 방편이기도 하다. 바울 서신에서 "빛의 갑옷을 입자"(롬 13:12), "그리스도로 옷 입고"(롬 13:14), "의와 진리의 거룩함으로 지으심을 받은 새사람을 입으라"(엡 4:24), "하나님의 전신 갑주를 입으라"(엡 6:11), "옛 사람을 벗어 버리고 새 사람을 입었으니"(골 3:9, 10)와 같은 그림 언어는 그리스도인이 된 우리 삶의 방식이 완전히 바뀌었다는 것을 강조하여 보여 준다. 우리가 하나님의 자녀로서 매일 성경을 묵상한다는 것은 하나님 집안의 양식을 따라 만든 옷을 입는 것이다. "장미는 스스로 그 향기를 광고하지 않는다"는 말처럼, 말씀을 묵상하면서 새로운 존재로 빚어진 오늘 우리 생활 방식이 우리가 어떤 사람인지를 말해 줄 것이다. 묵상을 통해 의와 진리와 거룩함으로 지으심을 받은 새 사람이라는 옷을 입었으니 우리의 말이나 행실에서 하나님의 성품을 닮은 매력이 드러날 수밖에 없을 것이다. 마침내 그리스도의 신부로 단장한 흰 옷을 입고 주님을 맞이할 때까지, 매일 묵상을 통해 긍휼과 자비와 겸손과 온유와 오래 참음의 옷을 입는 연습을 한다. 또한 우리를 삼키려고 호시탐탐 기회를 엿보는 악한 세력을 향해 하나님의 전신갑주라는 말씀의 옷으로 단단히 무장하는 일도 놓치지 말아야 한다. 매일 묵상은 이처럼 세찬 바람 앞에 우리가 알몸으로 나가지 않고 단단히 옷을 갖춰 입고 나가는 의식이다. 우리가 완벽하게 갖춰 입은 전투복만 보고도 적들은 일곱 길로 도망칠 것이다.

묵상, 말씀에 거하다(住)

새끼를 밴 암컷에게서 볼 수 있는 '둥지본능'(nesting instinct)이라는 현상이 있다. 새로 태어날 새끼를 위해 새들은 나뭇가지를 가져다가 둥지를 틀고, 강아지들은 새끼를 눕힐 바닥을 평평하게 만들고, 고양이들은 부드러운 천 조각 등을 모아 둔다. 모든 생명 있는 존재들이 자손의 번식과 생존, 안전을 위해 피난처의 중요성을 본능적으로 알고 미리 준비한다. 하나님은 택하신 자기 백성을 황무지에서 호위하고 보호하며 지키기 위해 마치 독수리가 자기 새끼 위에 너풀거리며 그의 날개를 펴서 업는 것같이 인도하셨다(신 32:10, 11). 그리고 "우리를 흑암의 권세에서 건져 내사 그의 사랑의 아들의 나라로" 옮겨 주셨다(골 1:13). 이제 아들의 나라가 우리 거주지다. 그 나라는 그리스도 말씀의 통치로 이뤄지는 곳이기에 매일 말씀을 읽고 묵상하며 순종하는 것이 그 나라 백성이 살아가야 할 자연스러운 둥지본능이다.

성경 묵상은 그 말씀에 거하는 것이다. 바울은 골로새 교회에 보낸 편지에서 "그리스도의 말씀이 너희 속에 풍성히 거하여 모든 지혜로 피차 가르치며 권면하고 시와 찬송과 신령한 노래를 부르며 감사하는 마음으로 하나님을 찬양하고 또 무엇을 하든지 말에나 일에나 다 주 예수의 이름으로 하고 그를 힘입어 하나님 아버지께 감사하라”(골 3:16, 17)고 했다. ‘그리스도의 말씀이 우리 속에 풍성히 거하게 하는 삶’은 말씀을 묵상하는 삶이며, 그 말씀을 궁금해하고 곰곰이 생각하고 되새기는 일을 한동안 계속하는 것이다. 하나님의 말씀이 우리 삶에 틈입하여 우리 생각과 행동을 간섭하고 영향을 주면서 기어코 어떤 변화를 일으키는 것이다.

나가며

몇 년 전에 한국성서유니온선교회의 초대 총무이신 윤종하 장로의 전기를 쓰기 위해 적잖은 분들을 만나 인터뷰를 했다. 대화 중에 가슴을 크게 울렸던 것은 성서유니온의 묵상운동을 설명하는 “신앙생활에서 생활신앙으로”라는 표현이었다. 살아 계신 하나님을 믿는 성도의 신앙이 교회라는 공간, 주일이라는 시간 안에서만 일어나는 특정 종교행위가 되지 않고, 일상생활의 모든 터전, 모든 시간에서 역동적으로 발현되기를 소망한 것이다. 우리 그리스도인의 먹고 자고 놀고 일하는 생활의 모든 영역이 하나님 말씀의 다스림을 받는 것이 곧 묵상 운동의 핵심이다.

복되어라.
매일 아침 성경을 열어
간밤에 차려 주신
이슬처럼 맺힌 말씀을 음미하며
빛의 옷을 입고
온종일 말씀 안에 거하는 삶이여.

이재근

묵상은 걷기다

아신대학교에서 신학을 공부하고, 합동신학대학원대학교에서 목회학 석사 학위를 받았다. 이후 아신대학교에서 신학석사, 미국 보스턴대학교에서 신학석사 학위를 받고, 스코틀랜드 에든버러대학교에서 철학박사 학위를 받았다. 광신대학교에서 역사신학 교수로 재직하고 있다.

본질: 길을 걷는 인간

19세기가 황혼에 접어든 1889년에 태어나서 20세기 전체의 약 4분의 3에 해당하는 1973년까지 살았던 가브리엘 마르셀(Gabriel Marcel)이라는 인물이 있다. 주로 프랑스 출신의 실존주의 철학자로 알려져 있지만, 극작가, 음악 비평가로도 활동했다. 실존주의 철학자였던 마르셀이 특이한 점은 사르트르나 보부아르 등 20세기를 대표한 다른 무신론적 실존주의자들과 달리, 깊은 실존적 고뇌의 단계를 거치다가 결국 기독교 신앙을 갖게 되었다는 점이다. 그는 1차 세계대전 당시 구호원으로 종군하며 인간의 무지와 무능력, 악, 비극적 자아를 실존으로 체험했다. 삶과 죽음, 인간과 자연, 사회와 문화에 대한 고뇌를 거듭하다 결국 1924년에 신의 존재와 의미를 찾기 위해 가톨릭 신앙에 귀의했다.

마르셀은 1945년에 파리에서 『호모 비아토르: 희망의 형이상학 서문』(*Homo viator. Prolégomènes à une métaphysique de l'espérance*)이라는 제목의 책을 썼다. 그는 이 인상적인 책의 서문을 다음 문장을 인용하며 시작한다.

> 아마도 인간이 자신의 상태가 여행자의 상태라는 사실을 늘 정확히 인식할 때에만 오직 안정된 질서가 지상에 구현될 수 있을 것이다.

여기 등장하는 인간의 실존에 관한 설명인 '여행자의 상태로 존재한다'를 라틴어로 표현한 것이 바로 '호모 비아토르', 즉 '여행하는 인간'이다. 그러나 여행이라는 단어는 현대 한국 자본주의 환경에서는 돈을 쓰고 유흥을 즐기는 상업적이고 물질적인 이미지를 떠오르게 할 수밖에 없다. 라틴어 *via*는 정확히 '길'을 의미하는 단어이므로, 여기서는 '여행하는 인간'보다는, '길을 걷는 인간'이라는 번역어를 사용하는 편이 좋겠다.

영원히 사는 존재인 양 한곳에 머믈러 소유와 물질을 움켜쥐고 욕망하고 정복하고 지배하려는 성향을 버리지 않는 한, 인류에게 남는 것은 끝없는 다툼과 경쟁, 전쟁뿐일 것이다. 인간이 유한한 존재인 것을 인식하고 이 땅에서의 공간과 시간을 소유하고 지배하려 하지 않을 때, 즉 나그네이자 여행자로서 잠시 머물렀다가 계속 길을 걸어가는 존재라고 스스로 인식하게 될 때, 집착과 소유를 버리는 것도, 타인 및 다른 생물과 나누는 것도 더 자연스러워질 것이다. 마르셀은 인류가 이런 인식을 가질 때만 이 땅에 안정된 질서가 보장될 수 있다고 생각했다.

나는 묵상의 본질이 길 걷기의 본질과 같다는 생각을 자주 한다. 말씀을 묵상하는 이는 그 말씀의 창시자이자 저자인 하나님을 묵상 중에 자주 대면한다. 하나님을 대면하면 할수록 무한자이자 절대자인 하나님과 유한자이자 상대자인 인간 사이의 격차를 자주 인식한다. 시간으로는 잠시, 공간으로는 거쳐 갈 뿐인 이 세상에 집착하는 인간은 하나님이 보장하시는 영원한 시공간이 있다는 사실을 인식할 때, 욕망에서 비롯된 심리적 고통, 육체의 질병과 죽음, 관계의 단절로 인한 상처를 영원에 대한 소망(희망)으로 바꿀 수 있을 것이다.

기간: 한 방향으로의 오랜 순종

『메시지』의 저자이자 '목회자들의 목회자'로 불리는 유진 피터슨(Eugene H. Peterson)은 1980년에 『한 방향으로의 오랜 순종: 인스턴트 사회에서의 제자도』(*A Long Obedience in the Same Direction: Discipleship in an Instant Society*)라는 다소 특이한 제목의 책을 펴냈다. 한국에서 이 책을 번역 출판한 IVP는 이 책의 한국어판 제목을 『한 길 가는 순례자』로 바꾸었다. 이 책이 흔히 '순례자들의 노래'로 분류되는 시편 120-134편을 피터슨이 해설한 책이라는 점에서, 한국어판의 제목 선택은 적절하다. '한 방향으로의 오랜 순종'이라는 원제목은 저자 피터슨이 독일 철학자 프리드리히 니체(Friedrich Nietzsche)에게서 빌려왔다. 피터슨에 따르면, 니체는 '선악을 넘어서'라는 제목의 글에서 대략 다음과 같이 말했다.

> '지상과 천상을 통틀어' 절대적인 사실은···한 방향으로의 오래 순종이 있어야 하며, 그때에만 인생을 살 만한 가치가 있게 해 주는 결과가 있게 마련이고, 또 언제나 그래 왔다는 것이다.

철학자 니체는 사람이 살아야 할 삶의 본질과 방식에 대해 오늘날의 현대인보다 확실히 더 깊은 통찰을 지녔던 것 같다. 아마도 기다림과 인내와 돌아봄과 목적의식과 꾸준함을 사랑하고, 그것들을 통해 이루어질 일을 소망하는 것의 의미를 알았기 때문일 것이다. 정보화 시대의 이상과 세계화의 미명 아래, 속도가 모든 존재하는 것들의 효용성과 가치를 결정하는 절대적 기준이 되어 버렸다. 발전과 개발, 향상과 진보의 논리 앞에 돌아봄과 기다림과 인내와 일관성은 진부한 원시물로 취급받는다. 교회의 이상도, 추구하는 목표도, 그 안에 속한 각 인생이 구하는 바도, 일상의 나눔도 모두가 그렇게 변해 버렸다.

하나님의 말씀은 '그러나'라고 말한다. 그리스도인의 삶은 단지 한순간에 최상의 효율적인 즐거움을 맛보아야 하는 관광객의 삶이 아니다. 그들의 삶은 꾸준히 길을 걷는 제자와 순례자의 삶이다. 그러므로 하나님을 향하여 걸어가는 그 삶은 모든 신앙의 선조들이 걸어 온 과정처럼, 일상을 꾸준히 경주하는 삶이 되어야 한다. 이 길이 오히려 정상(正常)의 길이다. 그러나 이 길은 단순히 금욕을 선택하는 것이 아니다. 오히려 '인생이 아름답고 보람 있다' 할 만한 모든 메뉴가 빠짐없이 응축된 즐거운 선택의 길이다.

시편 120-134편은 하나님의 말씀에 순종하여 성전을 향하여 한 방향으로 오랜 시간 꾸준히 걸어가는 순례자들이 묵상 중에 얻는 즐거움이 무엇인지를 하나씩 알려준다. 피터슨이 '순례자들의 노래'에 해당하는 이 시편들을 각각 해설하면서 붙인 제목들은 길을 걸으며 묵상하는 그리스도인이 맛볼 수 있는 음식의 메뉴라고 할 수도 있겠다: 되돌아서서 반성함, 하나님의 돌보심, 의미 있는 예배, 타인을 섬기고 위기에서 탈출함, 하나님만이 주시는 안위를 맛봄, 인스턴트 세상이 주지 못하는 감격, 노동의 즐거움, 천상의 복, 인내를 통한 성취, 이루어질 것들에 대한 설레는 기대감, 자신을 바라보는 바른 관점, 의지를 복종시키는 훈련, 개인의 존재감을 넘어선 공동체의 일체감, 하나님을 찬양하는 삶의 궁극적 즐거움.

속도: 빨리 가면 30분, 천천히 가면 10분

전북 정읍시와 전남 장성군에 자리 잡은 내장산국립공원의 백양사 지구에는 백암산이라는 아름다운 산이 있다. 공원의 진입구에 자리 잡은 큰 절 백양사를 지나 백암산의 정상 상왕봉에 오르려면 먼저 백학봉 절벽 언덕에 자리 잡은 약사암이라는 조그만 절을 통과해야 한다. 그런데 등산 초입부에서 약사암으로 가는 길이 워낙 가팔라서, 내장산국립공원이 제공하는 탐방로 안내도에는 이 구간이 검은색에 가까운 짙은 브라색으로 표기되어 있다. 통증으로 긴장이 최고조에 달한 허벅지와 종아리에 남은 힘을 몰아넣고, 터질 것 같은 심장 박동을 느끼고, 턱 밑까지 차오르는 숨을 헉헉대면서 땅바닥만 바라보며 비탈길을 오른다. 몇 번의 언덕 고비를 넘다 보면 어느새 눈앞에 자리 잡은 작은 나무관 하나를 만나게 된다. 거기에 이런 글이 새겨져 있다.

생각하며 걷는 오르막길
약사암 빨리 가면 30분, 천천히 가면 10분

내게 글의 효과는 상당했다. 실소와도 같은 웃음이 피식 나오지만, 놀랍게도 등반을 지체시켰던 심장과 다리의 고통이 일순간에 사라졌다. 육체적인 난제를 이겨 냈을 뿐만 아니라, 심리적으로도 상당한 안정감이 찾아왔다. '왜 이리 급히 올라가려고 애를 썼던가' 반성하며 마음을 골랐다. '빨리 가면 30분, 천천히 가면 10분'이라는 역설이 얼마나 놀라운 진리인지를 남은 길을 오르는 내

내 묵상하는 계기도 되었다.

걷기에 속도 조절이 중요하듯, 묵상에도 속도 조절이 중요하다. 읽기에는 속독이라는 유형이 따로 있다. 따로 묵독하며 천천히 읽고 곱씹어 내며 소화하는 과정이 중요하듯, 우선 지식의 양을 한번에 늘이고 큰 그림을 그리기 위해 훑어 내는 속독 과정도 필요하다. 성경 읽기에도 그런 이중적 혹은 다중적 접근이 유익하므로, 성경 통독 훈련 과정 중에는 여럿이 돌아가면서 본문을 빠르게 소리 내어 읽어 내려가는 속독 프로그램도 있다.

그러나 묵상은 조금 다르다. 묵상에는 '속상'(速想)이라는 장르가 없다. 묵상에는 거친 결을 다듬은 정제되고 고른 호흡이 필요하고, 눈과 귀와 뇌를 모두 열어 놓고 천천히 보고 읽고 듣고 생각하는 속도 조절이 필요하다.

오직 정상에 빠르게 오른 후 인증사진만 찍고 빠르게 하산하여 귀가하는 것을 등산의 최대 목적으로 인식하는 이들이 있다. '100대 명산'이나 '백두대간 종주' 인증 스티커를 얼마나 이른 시간 안에 얼마나 많이 붙이느냐에 집착하는 시간 경쟁자들이 있다. 그러나 이들 시간 경쟁자들이 잘 닦인 등산로를 따라 백 개, 수백 개 산 정상을 올랐다고 해서, 그 산을 안다고 말할 수는 없다. 산의 극히 일부에 지나지 않는 등산로를 밟은 것으로 산을 '정복'했다며 만용을 부리는 것도 부질없는 일이다. 야생동물이 오가는 숨겨진 수많은 이동 통로, 뚜렷한 길이 없는 골짜기와 능선, 바위와 바위 사이, 숨겨진 동굴과 절벽, 이름 없는 수많은 나무와 풀과 꽃과 이끼, 야생동물들의 안식처와 먹이터, 그들이 남긴 배설물과 그 위에서 자라는 수많은 미생물, 지난 수 만 년을 이 산에서 살거나 산을 지난 인간을 포함한 생명과 존재들이 남긴 상상할 수 없이 많은 이야기 더미들. 이것들이 모두 산이라는 거대한 존재를 구성하는 요소다. 이것들은 몇 시간 걸리는 단기 정상 등반으로는 도무지 접근조차 할 수 없는 산의 본질이자 실재다. 걷고 또 걸으며, 묵상하고 또 묵상하며, 살피고 관찰하고 고민해야 조금이라도 알게 되는 산의 은밀한 내면이다.

잘 닦이고 포장된 등산로의 초입부를 천천히 부드럽게 걷고, 돌과 자갈이 어지럽게 널려 있는 너덜길을 조심스레 걷고, 경사 높은 비탈길을 숨 고르며 오르다, 잠시 쉬는 사이에 그늘을 만들어 주는 나무의 결을 살피고, 나뭇잎 사이로 쏟아지는 햇살을 받고, 그 햇살이 만들어 내는 초록과 노랑과 빨강과 하양의 조화에 감탄하고, 호흡을 가라앉힐 때만 느낄 수 있는 산소의 청명함과 신선함에 자못 놀라고, 내 소리를 줄일 때 더 선명하게 들리는 새들의 지저귐이 노래로 음악으로 들려야 산의 일부만이라도 경험하는 것이다.

하나님의 말씀을 묵상하는 것도 이런 산행과 같다. 묵상이 일상이 되면, 말씀의 결, 감촉, 깊이, 높이, 너비, 길이가 시시때때로 변하는 것을 느낄 수 있다. 무한하고 변화무쌍한 말씀이 뇌와 심장과 폐부와 피부를 찌르고 누르며 어루만지고 때리고 자극하는 느낌을 비로소 경험할 수 있다.

태도: 우보천리

높은 산으로 오르는 등산로 입구에 진입한 초기에는 오랜만에 만난 숲의 푸르름과 청명한 공기에 마음이 설레서 마냥 그 기분으로 산을 끝까지 걸어 오를 수 있을 것 같다. 그러나 조만간 오르막 된비알이 시작되면, 땀이 비오듯 흐르고 호흡은 거칠어지며 다리 근육과 심장은 터지고 찢어지는 것 같은 고통을 느낀다. 이때부터는 두 마음이 싸우는 갈등이 이어진다. 누구의 강요에 의해서도 아니고 자발적으로 산을 찾은 상황에서, 그 높은 정상까지 멀고 험한 산길을 힘들게 끝까지 가야 할 이유와 당위를 찾아내고 의미를 부여하는 과정이 시작되는 것이다. 이럴 때마다 내가 자주 되뇌는 사자성어가 있다. 우보천리(牛步千里). 소는 비록 느리게 걷지만, 소처럼 우직하고 꾸준하게 계속 한 걸음씩 걷다 보면 결국에는 천 리나 되는 긴 길도 마무리하게 된다. 이 고사성어를 되뇌는 건 실제로 마음을 다잡고 안정시키는 효과가 있기 때문이다. 묵묵히 걷는 한 걸음 한 걸음이 쌓여서 결국 만 보가 되고 오만 보가 되어 목적지에 이르게 한다.

성경 읽기도 우보천리 원리와 다르지 않다. 창세기 1:1에서 시작한 성경 읽기는 우보천리 과정을 통해서만 요한계시록 22:21에 끝내 다다를 수 있다. 성경의 특정 본문 묵상을 시작할 때는 그 말씀의 기초적인 의미조차 알아차리기 힘든 경우가 많다. 그 본문을 다룬 설교를 이전에 듣거나 해설을 읽어 본 경우, 기억이 서서히 떠오르면서 해석의 얼개가 조금 맞춰지기도 한다. 여러 차례 반복해서 읽으면 퍼즐처럼 얽힌 구조가 보이기 시작한다. 조금 더 들여다보면 구조와 내용을 분석하는 단계에도 이른다. 성경의 다른 본문과의 연관성도 보이고, 앞뒤 문맥과의 연결고리를 만드는 특정 단어가 눈앞으로 튀어나오는 경우도 생긴다. 과거의 경험, 현재의 상황, 미래의 기대 등이 본문 내용과 얽히면서 다양한 감정을 폭발시키기도 하며, 적용을 위한 구체적인 결단을 마음에서 불러일으키기도 한다.

관찰과 분석과 통찰이 교차하며 폭발하는 이런 과정은 천천히 걷는 소걸음으로 인내하며 꾸준하게 묵상의 길을 갈 때만 경험할 수 있다. 원하는 만큼 빨리 이해와 공감과 적용이 나타나지 않는 경우가 훨씬 많다. 우보천리의 과정에는 두 가지 요소가 반드시 필요하다. 하나는 인내심을 동반한 꾸준함이고, 다른 하나는 그 꾸준함이 반드시 목적지에 도착하게 해 준다는 확신이다. 인내하는 묵상의 종착지는, 비록 완전하지는 않더라도 말씀 속에 숨겨진 하나님의 뜻을 알아차리는 것이다.

방식: 홀로 때론 함께

길을 걷는 데 함께 걸으며 보조를 맞추는 동행이 있으면 좋다. 그가 같은 방향을 바라보며 함께 손을 잡거나 마음을 나누며 걸을 수 있는 이라면 그 동행은 즐거움의 여정이다. 길 위에서 만나고 느끼는 감정에 공감하고, 경험과 기억을 공유할 동행이 있다면 그 동행길은 천국의 행복을 맛보는 길이 된다.

하지만 길을 걷는 데 반드시 동반자가 필요한 것은 아니다. 홀로 있으면 길과 방향을 즉흥적으로 바꿀 수도 있고, 시간과 공간을 마음 가는 대로 새로 선택하는 것도 가능하다. 길을 잘못 들거나 계획이 틀어졌을 때도 책임질 부담이 없고, 탓할 상대도 없다. 오롯이 자신에게만 집중하며, 길과 나와의 만남에 집중할 수 있다. 실제로 모든 사람에게는 혼자만의 여행이 필요하다. 그 과정에서 하나님과 자연과 나를 대면시키고 직면시키는 경험이 필요하다.

묵상의 방식도 이와 같다. 함께 같은 본문을 묵상하는

이가 있다면, 또 내가 본문에서 느낀 느낌과 이해를 그도 느끼고 이해했다면, 같은 것을 소유한 이들과의 연대의식을 갖게 될 것이다. 공유된 이해와 의식은 공동체를 만든다. 본문에 대한 이해와 느낌이 서로 다르더라도, 그것을 공유하고 나누는 중에 묵상의 폭과 깊이가 넓어지고 깊어지기도 한다. 이것이 공동체적 성경 읽기의 유익이다.

그러나 하나님의 말씀을 대면하는 모든 이는 각 개인에게 고유하게 찾아오는 하나님의 말씀을 들어야 한다. 아브라함, 이삭, 야곱, 모세, 그리스도 바울은 아무도 없는 광야, 동굴, 사막, 산에서 홀로 자신에게만 나타나신 자신만의 하나님을 만났다. 그 만남이 그들에게 전환점이 되었고, 소명이 되었으며, 불기둥과 구름기둥이 되었다. 모든 사람은 홀로 말씀을 대면하며 자신에게만 들려오는 하나님의 음성을 들어야 한다. 홀로 길을 걷는 자만이 그 길에서 하나님과 대자연과 자기 내면의 음성을 들을 수 있다. 홀로 말씀을 묵상할 수 있는 자만이 하나님과 대자연과 자신과의 만남을 통해 주어지는 자신만의 말씀을 대면할 수 있다. 그러므로 묵상은 걷기다.

김성희

묵상은 생명이다

이화여자대학교 기독교학과와 동 대학원에서 공부하고, 듀크대학교에서 목회학석사, 드류대학교에서 박사 학위를 받았다. 여러 신학 기관에서 신약학을 가르쳐 왔으며, 현재 기독연구원 느헤미야에서 신약학 전임 연구위원으로 섬기고 있다.

생명과 구원의 동일성

성경이 말하는 '생명'(生命)은 단순히 살아 있다는 생물학적 상태를 의미하지 않는다. 기독교의 핵심인 '구원받는다'는 것은 곧 '생명을 얻는다'는 말로 바꾸어 표현할 수 있다. 즉, 생명은 구원의 다른 이름으로 '삶의 내용 자체'를 뜻한다. 삶의 내용으로서의 생명은 살아 있음의 증거이자 하나님 안에서 존재하는 실체적 상태다. '생명'을 뜻하는 헬라어 '조에'는 신약성경에 약 135회 등장한다. 마태복음에서 요한계시록에 이르기까지 고르게 분포되어 있으며, 이는 생명이 신약신학의 중심 개념임을 반증한다. 신약의 신학적 구조를 지탱하는 축이 바로 '생명'이라 해도 과언이 아니다. 예수님은 요한복음 17:3에서 "영원한 생명은 오직 한 분이신 참 하나님과 그가 보내신 예수 그리스도를 아는 것"이라고 말씀하셨다. 여기서 '안다'는 것은 단순히 지적 인식이나 정보의 습득이 아니다. 예수님이 말씀하신 '앎'은 관계적이며 경험적인 차원의 인식이다. 즉, 하나님을 안다는 것은 머리로 이해하는 것이 아니라 하나님과의 상호적 관계 속에서 전인격적으로 경험하는 것이다. 영원한 생명은 이 관계의 지속에서 흘러나오는 결과며, 하나님과의 교제 속에 실존하는 상태다. 따라서 생명은 어떤 소유물이 아니라 하나님과의 관계 안에 거하는 방식 그 자체다. 그러므로 기독교가 말하는 영원한 생명은 하나님과 영원한 관계를 유지함으로 비롯되는 자연스러운 결과라고 이해해야 할 것이다. 그렇다면 하나님과의 관계는 어떻게 시작하고 유지되는 것일까? 사도 바울은 이러한 하나님과의 상호적 관계성이 우리가 '예수 그리스도 안'에 있을 때 가능하다고 설명한다(롬 8:1-2). 예수 그리스도 안에 있다는 말은 로마서 6:3-4에 따르면, 예수님과의 연합을 의미한다.

> 무릇 그리스도 예수와 합하여 세례를 받은 우리는 그의 죽으심과 합하여 세례를 받은 줄을 알지 못하느냐 그러므로 우리가 그의 죽으심과 합하여 세례를 받음으로 그와 함께 장사되었나니 이는 아버지의 영광으로 말미암아 그리스도를 죽은 자 가운데서 살리심과 같이 우리로 또한 새 생명 가운데서 행하게 하려 함이라.(롬 6:3-4)

생명을 얻는 것은 예수님과 하나 될 때 가능하다. 아직 이 세상은 종말론적으로 악이 현존하는 세계이기 때문이다. 악의 세력 아래 의로운 존재로 살아갈 수 있는 유일한 길은 예수님과 연합하는 것이다. 예수님 없이 우리는 의로울 수 없고 악의 세력에서 자유로울 수도 없기 때문이다. 바울은 예수님과의 연합을 '세례'의 매개로 설명한다. 예수님의 이름(존재)으로 세례받은 사람은 예수님과 한 몸이 된다. 예수님이 죄에 대해 죽으셨다가 다시 사신 것처럼, 우리도 예수님을 통해 함께 죽었고, 예수님과 함께 죄, 율법, 죽음으로부터 해방되는 '생명'을 갖게 된다. 결국 기독교적 생명 이해는 관계의 신학이다. 생명은 단순히 존재의 속성이 아니라, 하나님과의 관계에서 비롯되는 은혜의 상태다. 예수 그리스도 안에서 하나님과 화해하고, 그분의 생명에 참여할 때 우리는 진정으로 살아 있는 존재가 된다. 따라서 '생명을 얻는다'는 것은 단지 죽음 이후 영생을 소유한다는 뜻이 아니라, 지금 이 순간에도 하나님과의 관계 속에서 새로운 존재로 살아간다는 의미다. 생명은 하나님과의 영원한 관계며, 구원은 그 관계 속에 머무는 삶이다.

문자를 뛰어넘는 생명

예수님 안에서의 삶은 새로운 생명을 지니고 살아가는 것이다. 새로운 생명이란, 예수님을 알기 전의 삶과 다른 양태의 삶을 뜻한다. 그러므로 '구원받았다'는 것을 확증할 수 있는 증거는 지금, 현재의 '새로운 삶'에 있다. 바울은 새로운 삶을 육의 삶을 거스르고 성령의 인도함을 받아 열매 맺는 삶이라고 설명한다(갈 5:22-23). '구원받았다'의 확증을 죽어서 천국 가는 미래의 티켓을 확보해 놓는 것으로 여기는 경향이 있다. 하지만 이러한 미래에 대한 보증에 앞서, 현재의 삶의 '내용'에서도 구원받았다는 증거를 찾을 수 있다. 그 내용은 인생을 통찰하는 새로운 시각이다. 바울은 믿음으로 의롭다 여김을 받는 칭의론에 대하여 로마서 1-4장에서 깊이 있게 설명한 후, 5장에서는 의롭다고 여김을 받은 이후의 삶에 대해 설명한다. 바울이 제시하는 새로운 삶의 양태, 새 생명으로 변화한 삶의 내용은 다음과 같다. 예수 그리스도 안에서 하나님과 더불어 평화를 누리는 중에 어려움이 닥쳐올 때, 그 환난을 통해 인내와 성숙한 인격을 기르고, 성숙한 인격으로 절망의 늪에 빠지지 않으며, 하나님의 사랑을 확신하고 하나님의 영광에 이를 소망으로 사는 것(롬 5:1-5).

바울이 평생 목회하면서 씨름했던 '삶의 신학'의 핵심은 하나님의 구원이 유대인과 이방인에게 동일하게 미치고, 구원의 방식이 더 이상 율법이라는 '문자'에 매이지 않는다는 것이다. 바울은 유대인과 이방인 모두 '믿음'으로 구원받는 것이 복음의 핵심임을 전파하며, 유대 기독교인과 이방 기독교인 사이에 있었던 율법으로 인한 갈등을 해소하길 바랐다.

> 이제는 우리가 얽매였던 것에 대하여 죽었으므로
> 율법에서 벗어났으니 이러므로 우리가 영의 새로운 것으로
> 섬길 것이요 율법 조문의 묵은 것으로 아니할지니라. (롬 7:6)

하나님께서 우리에게 새 언약의 일꾼이 되는 자격을 주셨습니다. 이 새 언약은 문자로 된 것이 아니라, 영으로 된 것입니다. 문자는 사람을 죽이고, 영은 사람을 살립니다. (고후 3:6, 새번역)

율법 자체는 거룩하고 의롭고 선하다(롬 7:12). 그러나 율법 자체가 선한 목적으로 우리에게 주어졌더라도, 죄의 세력이 율법을 지배하면 그 율법이 우리를 죽음으로 삼킨다. 오늘날 많은 그리스도인이 성경의 문자를 하나님의 말씀과 동일시하면서, 문자를 묵상하여 말씀에 이르는 과정을 생략한다. 곧바로 문자 그 자체를 일대일 대응으로 적용하려 한다. 그러나 이러한 문자적 읽기와 즉자적 적용은 사람을 살리는 것이 아니라 오히려 죽음의 감옥에 가두어 복음을 듣지 못하게 할 수 있다. 성경은 그 당시의 상황, 문화, 역사 배경에서 나온 말씀이기 때문이다. 성경을 묵상할 때는 내가 은혜받은 성경 구절 뒤에 어떠한 사건이 있었고, 그 배경은 무엇이고, 이 목소리를 내는 사람은 누구인지 살펴야 한다. 이를 기반으로 하나님의 영원한 진리는 무엇인지, 이 말씀이 구체적 상황에서 어떤 현상으로 적용되었는지, 그 파장과 효과는 어떠했는지를 파악해야 한다.

현대 신학자들은 성경을 이해하는 두 가지 틀이 있다고 말한다. 바로 '신화적 원형'(archtype)과 '역사적 전형'(prototype)이다. 신화적 원형을 따르면 성경의 시대와 다른 시간과 공간에서도 성경의 모든 이야기를 원형 그대로 적용해야 한다. 반면, 역사적 전형에서 성경 이야기는 진리를 담고 있는 일종의 예시이므로 역사와 상황에 따라 유연하게 적용할 수 있다. 우리는 성경 안에 신화적 원형과 역사적 전형의 패러다임이 모두 기능하고 있음을 인지하며 읽고 묵상해야 한다. 시대가 변하더라도 언제나 변함없는 하나님의 사랑, 거룩, 자비, 평화에 관한 말씀들은 신화적 원형으로, 문화와 상황을 대변하는 구체적 예시들은 역사적 전형으로 이해해야 한다. 이를 통해 우리는 바울이 로마서 7:6과 고린도후서 3:6에서 말한 문자에 얽매인 낡은 정신으로 하나님을 섬기지 않을 수 있고, 문자로 사람을 죽이는 일을 피할 수 있다.

차별이 없는 생명의 힘

예수님의 하나님 나라 사역은 신분과 계급, 나이와 성별, 문화와 관습의 차이를 뛰어넘는 생명의 힘을 보여 준다. 이것은 예수님 주변에 어떠한 사람들이 모였는지를 살펴볼 때 더 분명해진다. 사람들은 시급한 문제들을 해결받기 위해 찾아와 은혜를 구했다. 거기에는 유대 지도자, 로마 지도자, 세리와 죄인, 남녀노소 구분이 없었다.

예수님은 하나님의 은혜가 필요한 누구에게도 차별하지 않고 크신 하나님의 사랑과 은혜를 전하셨다. 이러한 하나님의 사랑과 구원은 예수님의 십자가에 집약된다. 사람들의 죄악이 예수님을 십자가에 달리시게 만들었지만, 예수님은 그 죄악을 그대로 다 받아 주시고 거절하지 않으시고 십자가에서 죽음을 맞이하셨다. 바울은 예수 그리스도의 십자가 사건을 우주보편적인 하나님의 구원 사건으로 설명했다.

> 곧 예수 그리스도를 믿음으로 말미암아 모든 믿는 자에게 미치는 하나님의 의니 차별이 없느니라.(롬 3:22)

'하나님의 의'는 하나님의 성품과 성향을 잘 요약해 주는 말이다. 하나님은 공의롭고 정의로운 분이며, 우리에게도 같은 '의로움'을 요구하신다(롬 8:4). 우주적인 죄의 세력 아래 아무도 의로울 수 없지만, 하나님은 예수 그리스도의 십자가를 통해 우리를 벌하시고 용서하셨다. 그리고 '예수 안에서', 즉 예수님과 연합한 상태로 의롭게 살 것을 요구하신다. 이 땅에서 살아가기 위한 동력인 하나님의 의는 '예수 그리스도의 믿음을 통해'(헬라어 직역) 온다. 이 구절의 해석에 대한 학자들의 의견은 크게 둘로 나뉜다. 첫째는 전통적인 해석으로, '예수 그리스도의 믿음'을 목적격-소유격으로 해석하여 '예수 그리스도를 믿는 믿음'을 통해 하나님의 의가 왔다고 해석하는 것이다. 둘째는 현대적 해석으로 '예수 그리스도의 믿음'을 주격-소유격으로 해석하여 '예수 그리스도가 지닌 믿음'을 통해 하나님의 의가 왔다는 견해다. '피스티스'라는 헬라어는 믿음, 충성됨, 신실함이라는 의미를 모두 포함하고, '믿는다'는 것도 단순히 인식적인 측면만이 아닌 행위로 연결되는 의미를 본질적으로 내포한다. 필자는 개인적으로 예수님의 공헌을 강조하는 앞뒤 맥락에서 예수 그리스도의 믿음, 즉 예수님의 순종하시는 신실함을 통해 하나님의 의가 왔다는 둘째 견해를 지지한다. 그러나 예수님을 믿는 모든 사람에게 미치는 하나님의 의도 성경적인 진리이므로 첫째 해석도 배제할 수 없다. 중요한 것은 예수님을 통해 오는 하나님의 의는 누구에게도 차별이 없다는 것이다. 초대 기독교에서 세례 시 사용했던 문구는 다음과 같다.

> 너희가 다 믿음으로 말미암아 그리스도 예수 안에서
> 하나님의 아들이 되었으니 누구든지 그리스도와 합하기
> 위하여 세례를 받은 자는 그리스도로 옷 입었느니라
> 너희는 유대인이나 헬라인이나 종이나 자유인이나 남자나
> 여자나 다 그리스도 예수 안에서 하나이니라 너희가
> 그리스도의 것이면 곧 아브라함의 자손이요 약속대로
> 유업을 이을 자니라. (갈 3:26-29)

예수님 안에서 예수님으로 옷 입고 예수님과 연합한 사람은 누구도 차별할 수 없다. 예수님을 통해 이루어진 하나님의 의가 모든 믿는 사람에게 차별 없이 임하기 때문이다. 그래서 바울은 세례를 통해 그리스도와 하나 된 우리는 모두 하나이고, 그 안에 차별이 있을 수 없다고 선언한다. 이 말은 '죄'로 따질 것 같으면 우리 모두 죄인이고 어느 누구도 하나님 앞에서 의로울 수 없다는 것이다. 그래서 누가 누구를 죄 있다고 판단할 자격이 없다. 그러므로 그리스도 안에 있는 자는 판단이 아닌 감사로 살아간다. 하나님이 우리를 용서하셨기에 우리는 오직 감사할 수밖에 없다. 그 감사는 나 자신을 넘어, 다른 사람들을 향한 시선으로 확장된다. 그들도 하나님이 의를 값없이 베푸신 이들이며, 나와 동일한 은혜의 자리에 서 있는 동료이기 때문이다. 그리스도인은 바로 그 동료 의식 속에서 하나님 나라를 함께 상속받는 사람이다. 경쟁하거나 비교하지 않고, 서로의 존재를 하나님의 은혜로 바라보며 사는 사람이다. 그리스도인의 자리에는 인간의 경계와 분리가 사라지고, 은혜 안에서 진정한 하나 됨이 실현된다. 결국 예수로 옷 입는다는 것은 예수님의 시선으로 세상을 바라보고, 예수님의 마음으로 이웃을 품는다는 뜻이다. 그 옷을 입은 사람은 더 이상 자신을 기준으로 판단하지 않는다. 오직 은혜로 살아가며, 그 은혜의 빛으로 세상을 비춘다.

묵상으로 새롭게 하는 생명

그리스도인의 정체성은 예수님 안에서 새 생명을 지니고 사는 것이다. 새 생명을 얻는다는 것은 단순한 변화의 선언이 아니다. 이전 삶과는 다른 새 삶을 구체적으로 살아 내는 것을 의미한다. 이 새로운 삶의 출발점에 묵상이 있다. 묵상은 그리스도인의 삶에 동력을 불어넣는 원천이다. 묵상은 하나님의 말씀을 읽을 때나 기도할 때뿐 아니라, 일상의 모든 순간, 삶의 관찰 속에서도 가능하다. 묵상은 단순한 사유 행위나 조용한 명상이 아니라, '생각의 심해(深海)'로 들어가 삶의 현실을 깊이 있게 마주하는 열정적인 신앙 행위다. 생각은 우리에게 시간을 허락하며, 그렇게 주어진 시간은 우리의 즉흥적이고 어리석은 행동을 멈추게 한다. 멈춤의 시간 속에서 우리는 더 깊이 관찰하고 성찰하며, 하나님의 말씀이 우리 안에서 울려 퍼질 수 있는 여백을 마련한다. 따라서 묵상은 생명을 창조하고 길러 내는 출발점이다. 말씀을 읽고 소화하는 일, 기도를 통해 하나님의 뜻을 분별하는 일, 공동체 안의 관계 속에서 성숙하고 겸손한 하나님의 자녀로 성장하는 모든 일은 묵상을 통해 가능해진다. 기독교의 구원을 '생명'이라고 표현할 때, 묵상은 그 생명을 잉태하고 출산하는 어머니 품과 같다. 묵상은 나 자신을 변화시키고 이웃을 새롭게 하며 세상을 변화시키는 생명의 통로다.

묵상을 다시 생각하다

지은이 권연경 외 17인
펴낸곳 (사)한국성서유니온선교회 • 등록 제14-6호(1978. 10. 21.)
판권 ⓒ (사)한국성서유니온선교회 2026 • 초판 발행 2026년 1월 5일 • 초판 2쇄 2026년 1월 19일
주소 05663 서울시 송파구 오금로 22길 13 • 전화 02-2202-0091 • 팩스 02-2202-0095
이메일 edit02@su.or.kr • 홈페이지 www.su.or.kr

ISBN 978-89-325-5078-7 03230

성서유니온선교회(Scripture Union)는 1867년에 영국에서 어린이 전도와 성경읽기 사역을 시작하여, 현재 120여 개국에서 다양한 사역을 펼치고 있는 국제 선교단체입니다.

한국성서유니온선교회는 1972년에 시작되어 한국 교회에 성경묵상(QT)을 소개하였고, 현재 전국 12개 지부에서 성경읽기, 어린이 · 청소년 전도, 캠프, 개인성경공부(PBS), 그룹성경공부(GBS), 지도자 훈련, 기독교 서적 출판 등의 사역에 힘쓰고 있습니다.

성서유니온선교회의 목적은 어린이와 청소년 그리고 그들의 가정에 하나님의 복음을 전하는 한편, 모든 그리스도인이 규칙적이고 체계적인 성경묵상을 통해 온전한 믿음에 이르도록 돕는 것입니다.